Deutscher
Jugendliteratur
Preis

PAUL MAAR

Verlag Friedrich Oetinger · Hamburg

TÜRME

Ein Sach- und Erzählbuch
von berühmten und unbekannten,
bemerkenswerten und merkwürdigen Türmen

© Verlag Friedrich Oetinger, Hamburg 1987
Alle Rechte vorbehalten
Umschlag und Illustrationen von Paul Maar
Satz: Utesch Satztechnik GmbH, Hamburg
Reproduktion: Gries GmbH, Ahrensburg
Druck und Bindung: Mohndruck Graphische Betriebe GmbH, Gütersloh
Printed in Germany 1990
ISBN 3-7891-1961-X

Inhalt

Dieses Buch erzählt von

Von alten, neuen, hohen und schiefen Türmen. Von äußerst merkwürdigen und ganz gewöhnlichen. Von in- und ausländischen; von Türmen aus Stein, aus Holz, Lehm, Porzellan, Eisen und Eis.

Es erzählt, wie der Butterturm zu seinem Namen kam, warum der Mäuseturm so heißt und wo der Teufelsturm steht.

Man kann es wohl als ein *Sachbuch* bezeichnen.

Wer allerdings ein Sachbuch im üblichen Sinn erwartet und etwa alle wichtigen Türme Mitteleuropas nach dem Zeitpunkt ihrer Erbauung, nach ihrer kunstgeschichtlichen Bedeutung oder wenigstens nach ihrer Höhe geordnet sucht, sollte lieber zu einem anderen greifen. Ich habe mich hier ganz von meinen persönlichen Vorlieben leiten lassen.

Zum Beispiel habe ich mir überlegt, daß man »Turm« am sinnigsten so schreiben sollte:

Mich interessierte gleichermaßen

— wie hoch der Turm zu Babel war, wo der höchste deutsche Kirchturm steht und seit wann man eigentlich »Turm« und nicht mehr »Thurm« schreibt;

— wie der berühmte Leuchtturm von Alexandria aussah, wer die ersten Türme baute und wie der Turm ins Schachspiel kam;

— wie Türme in Arabien oder China heißen, wo die ersten Wolkenkratzer gebaut wurden, und daß der Turm in fast allen Sprachen weiblich ist (la torre im Italienischen, la tour im Französischen, turris im Lateinischen, *die* Pagode und *die* Zikkurat, ein babylonischer Stufenturm), während es doch im Deutschen ›der‹ und nicht ›die Turm‹ heißt;

— wie der Beruf des Türmers aussah, in welchen Sprichwörtern der Turm genannt wird und daß in dem Wort »Wirbelsturm« ein Turm versteckt ist. Man könnte es also auch so schreiben:

In manchen Wörtern stecken sogar mehrere Türme:

Natürlich habe ich für dieses Buch viele Tatsachen, Zahlen und Dokumente über Türme zusammengetragen. Aber genauso wichtig waren mir Geschichten.

Ein Turm, der schon beim Bau zweimal einstürzt, anschließend vom Blitz getroffen wird, in Brand gerät und beim endgültigen Zusammenbruch einen Teil der Stadtbefestigung niederreißt, so daß ein dort eingemauerter, vergessener Goldschatz aus der Römerzeit zum Vorschein kommt, so wertvoll, daß man damit nun zwei Türme bauen lassen kann, interessiert mich einfach mehr als ein Turm, den man ohne Komplikationen und ohne besondere Ereignisse in fünfzig Jahren errichtete (auch wenn er kunstgeschichtlich viel bedeutender wäre).

Und ein Gebäude mit dem schönen Namen »Buttermilchturm« oder »Turm des Tempels der versammelten Wolken« reizt mich von vornherein mehr zum Schreiben als der Turm der Michaelskirche in Bamberg, München, Hamburg oder Essen.

Das Buch erhebt also keinen Anspruch auf Vollständigkeit. Das will es und kann es nicht. Man überlege sich doch zum Beispiel nur, wozu Türme überhaupt dienen können:

Was ein Turm alles sein kann

Kirchturm

Leuchtturm

Förderturm

Burgturm

Uhrturm

Fernsehturm

Bohrturm

Kühlturm

Wohnturm

Torturm

Außerdem gibt es noch den Glockenturm, Pulverturm, Grabturm, Trommelturm, Wachtturm, Laubenturm, Aussichtsturm, Meierturm, Schuldturm, Taubenturm, Hungerturm, Gefängnisturm, Wasserturm, Totenturm, Sprungturm, Funkturm und den Flugplatzturm, der aber (englisch) Tower heißt.

Die ersten Türme

Jeder, der einem kleinen Kind zuschaut, das mit hölzernen Bauklötzen spielt, wird fasziniert sein von der Begeisterung, mit der es Türme baut. Vorsichtig, noch unbeholfen, setzt es Stein auf Stein. Zwei Bauklötze erst, dann drei, schließlich sogar vier. Strahlend, mit allen Zeichen der Freude, fordert es die Größeren auf, von diesem Ereignis Notiz zu nehmen. Schon vier Bauklötze, und das Gebilde ist immer noch nicht eingefallen!

Atemlos vor Spannung stellt das Kind den fünften Stein auf den bereits schwankenden Turm, mit unendlicher Behutsamkeit den sechsten, vielleicht noch einen siebten, bis der Bau schließlich das Übergewicht bekommt und prasselnd in sich zusammenstürzt.

Vielleicht hat das Kind, das sich durch den Einsturz nicht verdrießen läßt und gleich wieder Steine übereinanderstellt, noch nie einen richtigen Turm gesehen. Wer oder was bringt es dann auf die Idee? Woher kommt diese offensichtliche Freude am hoch aufragenden Bauwerk?

Sie muß schon immer vorhanden gewesen sein, denn zu allen Zeiten der Menschheitsgeschichte hat man turmähnliche Bauten errichtet, und die merkwürdige Anziehungskraft, die Türme auf Menschen ausübt, hat nie nachgelassen.

Noch heute steigen täglich Tausende von Leuten auf Aussichts- und Bismarcktürme, erklettern Rathaus- und Kirchtürme, lassen sich mit dem Aufzug auf die Spitze von Wolkenkratzern oder Fernsehtürmen bringen, schauen vom Freiburger Münster, vom Eiffelturm in

Der Höhentrieb

Links: Eine Moschee in Lehmarchitektur in Djanet am Niger in Mali.

»Richters Anker-Steinbaukasten«:
das bevorzugte Weihnachtsge-
schenk für die Kleinen am Anfang
dieses Jahrhunderts.

Paris oder aus den kleinen Fensterchen oben in der amerikanischen Freiheitsstatue.

Eine Turmbesteigung wird grundsätzlich als kleines Abenteuer empfunden, als etwas Besonderes. An gewöhnlichen Werktagen klettert man selten auf Türme. Das tut man bei einem Schulausflug, an Feiertagen oder während einer Urlaubsreise.

Jeder, der zum erstenmal einen sehr hohen Turm besteigt, wird ähnliche Erfahrungen machen: Wir werden geradezu in die Höhe getrieben, eilig nehmen wir Stufe für Stufe, immer höher hinauf, und ruhen nicht eher, bis wir oben atemlos aus dem halbdunklen Bauch des Turmes auf die Plattform treten, ins blendend helle Licht.

Von oben blicken wir dann, immer noch heftig atmend, über die Stadt und die Landschaft mit einem Gefühl der Zufriedenheit, dem Gefühl, es geschafft zu haben. Ähnlich einem Bergsteiger, der nach langem Aufstieg endlich auf dem Gipfel eines sehr hohen Berges steht.

Uns erfaßt ein leichtes Schwindelgefühl, wenn wir senkrecht nach unten blicken, und die halb verborgene Angst steigert noch diesen gehobenen Zustand, in dem wir uns befinden. Nicht umsonst spricht man dabei von einem Rauschgefühl, dem Höhenrausch.

Fast könnte man meinen, es gäbe einen menschlichen Urtrieb, nach oben zu klettern, in die Höhe zu bauen, Türme zu errichten. Ein Philosoph spricht den Menschen sogar einen »Höhentrieb« zu.

»Oben« wird im Gegensatz zu »unten« immer als positiv empfunden, als erstrebenswert.

Oben und unten

Untersuchen wir doch einmal unsere Sprache: Da ist »oben« immer gleichbedeutend mit »mächtig, einflußreich«. Wir sagen etwa: »Das wäre für mich das Höchste!« und meinen das Beste, das, was wir uns am meisten wünschen.

Der Ausdruck »er ist hoch und mächtig« kann genauso auf einen Herrscher wie auf einen Turm gemünzt sein. Wer kennt nicht die Bedeutung von »oben« oder »hoch«, wenn die Rede von einem ist, der einen Platz ganz oben ergattert hat, zu hohem Ansehen gelangte, der Oberste oder der Höchste ist.

Warum heißt der Mächtigste, Einflußreichste in nahezu allen Sprachen der Höchste? Warum nicht der Unterste? Vielleicht hat sich das schon in der Frühzeit der Menschengeschichte herausgebildet, wo es für unsere affenähnlichen Vorfahren lebenswichtig war, schnell nach oben zu kommen und wenn möglich der Höchste zu sein. Näherte sich ihnen ein gefährlicher Säbelzahntiger oder ein hungriger Höhlenbär, hatte es wenig Zweck, schnell wegzurennen. Der Tiger war schneller.

Aber wenn man den nächsten Baum, einen Felsen oder einen hohen Termitenbau erreichte und blitzschnell nach oben kletterte, war man in Sicherheit. Zumindest galt das für den, der ganz oben auf dem Termitenhügel kauerte, für den Höchsten also. Einer, der oben keinen Platz mehr gefunden hatte und sich tiefer unten anklammerte, war wesentlich gefährdeter: Ihn konnte der Tiger im Sprung erreichen.

Würden wir nicht von Affen abstammen, sondern von Maulwürfen oder Murmeltieren (bei denen es lebenswichtig ist, bei Gefahr möglichst *tief* in den Bau zu flüchten), dann hätte man die mittelalterlichen Kaiser vielleicht demütig mit »unserer allertiefster Herr« angeredet, und einer, der in unserer Zeit Karriere machen wollte,

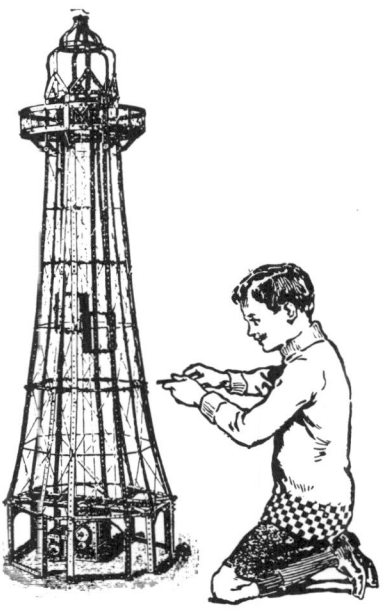

Für fortgeschrittene Turmbauer gab es den »Meccano«-Baukasten, mit dem man zum Beispiel meterhohe Leuchttürme errichten konnte.

würde alles daransetzen, schnell nach unten zu kommen. Das ist natürlich eine recht lächerliche Überlegung. Aber sie enthält einen wahren Kern. Nicht zu allen Zeiten und in allen Ländern war der Mächtigste auch »der Höchste«. Ich bin auf eine Ausnahme gestoßen:

Ein Chinese berichtet im dritten Jahrhundert, daß im Norden Chinas, im Amur-Tal (das ist heute die Grenze zwischen der Sowjetunion und der Volksrepublik China), Menschen wohnen, bei denen die Bezeichnung »der unter mir« höchst ehrenvoll sei und wo besonders geschätzte, einflußreiche Personen mit der Anrede »der am tiefsten wohnende, ehrenwerte Herr« bedacht werden. Das hängt mit den Baugewohnheiten der dortigen Bewohner zusammen. Seit vorgeschichtlicher Zeit baute man im Amur-Tal die Häuser nicht nach oben, nicht auf der Erde, sondern unterirdisch. Man grub die Wohnungen regelrecht in den trockenen Lößboden. Unter der Erde gab es richtige Dörfer. Die einzelnen Häuser waren über beträchtliche Entfernungen durch Gänge miteinander verbunden. Besonders bemerkenswert an den »versenkten Häusern des Nordostens« findet es der chinesische Geschichtsschreiber, daß die gesellschaftliche Stellung eines Menschen und sein Reichtum nicht etwa an der Höhe seines Hauses abzulesen sind, sondern daran, wie tief es unter der Erde liegt.

Je mehr Stufen man vom Eingang zum Wohngeschoß hinabzusteigen hatte, desto einflußreicher war der Besitzer. Nur der ranghöchsten Klasse (dort hätte man gesagt: der rangtiefsten) war es gestattet, zur Wohnung mehr als neun Stufen hinabzusteigen. Der reichste und mächtigste Mann wohnte ganz unten, in einer Art von umgekehrtem Turm.

Doch zurück zu den echten, den oberirdischen Türmen, und damit zu unseren frühen Vorfahren.

Wie die allerersten Türme aussahen, weiß heute keiner mehr. Ich stelle mir vor, daß irgendwann jemand in der baumlosen Savanne Afrikas (der Wiege des Menschen) auf die Idee kam, einen künstlichen Fluchthügel zu errichten, und so den ersten Turm baute.

Vielleicht hat er so ähnlich ausgesehen wie die felsähnlichen, kegelförmigen Lehmtürme, die es schon seit Jahrtausenden in West- und Mittelafrika gibt. Sie sind aus einem Gemisch von Gras und Lehm gebaut, oft mit Stökken und starken Zweigen dazwischen, die außen waagrecht aus der Wand stehen, so daß man das Bauwerk rasch von allen Seiten besteigen kann. Diese Türme halten nicht viel länger als ein paar Jahre, da der Lehm nicht wasserbeständig ist, lassen sich aber schnell erneuern.

Oben auf diesen Türmen war man vor großen Tieren sicher, und man hatte zusätzlich einen guten Überblick über das Umland. Einer, der da oben Wache hielt, konnte Gefahren schon von weitem erspähen und die anderen aus seiner Horde warnen.

Aber die Gattung Mensch vermehrte sich schnell. Bald machte man sich gegenseitig die guten Jagdgründe streitig.

Nun ging die Hauptgefahr nicht mehr von Tieren aus, sondern von anderen Menschen. Damit wurden die außen besteigbaren Lehmtürme zwecklos. Sie boten zwar immer noch Schutz vor Löwen und Nashörnern, nicht aber vor anderen Menschen, die genauso gut die Türme erklimmen konnten wie diejenigen, die vor ihnen flohen. Es mußte also ein Bauwerk erfunden werden, das die gleichen Vorteile bot wie der künstliche Felsen (Schutz und Überblick durch einen hohen Standpunkt), das aber von außen unzugänglich war.

So erfand man den senkrecht aufragenden, hohlen, von innen besteigbaren Turm.

Massive und hohle Türme

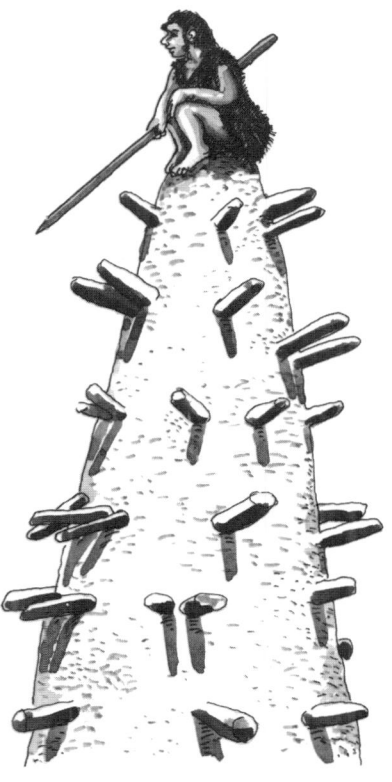

Vor etwa zehntausend Jahren begannen die Menschen allmählich, Ackerbau zu betreiben. Bisher hatten sie als Nomaden gelebt, das heißt, sie waren als Jäger hinter den großen Tierherden hergezogen und hatten ihren Wohnplatz im Lauf des Jahres mehrmals gewechselt.

Nun gründeten sie die ersten Dörfer und wurden seßhaft. Das geschah nicht in Europa (wo die Menschen noch Jahrtausende später als Jäger und Fischer lebten), sondern im sogenannten Nahen Osten, wo das Klima günstiger war: Auf dem Gebiet der heutigen Türkei, in Palästina, Syrien, Iran und Irak.

Und relativ rasch entstanden dann auch schon die ersten Städte. Die älteste Stadt (zumindest die früheste, von der man durch archäologische Ausgrabungen weiß) ist die Stadt Jericho in Palästina. Ihre Anfänge liegen in der zweiten Hälfte des 8. Jahrtausends v. Chr.

Und in dieser uralten Stadt, deren Häuser noch ganz aus Lehm errichtet waren, fand man die Überreste eines riesigen, steinernen Rundturms!

Er hat einen Durchmesser von 8,5 m und ragt – jetzt, nachdem ihn die Archäologen freigelegt haben – immer noch 6,5 m in die Höhe. Seine Mauern bestehen aus großen Steinquadern. Im Lauf der Jahrtausende sind sie mehrmals verstärkt worden, der Turm wurde also sehr lange benutzt. Innen ist noch ein Rest seiner Treppenanlage vorhanden, 28 Stufen aus Steinplatten führen nach oben.

Bemerkenswert an diesem Flucht- und Verteidigungsturm ist, daß er bereits in der Steinzeit erbaut wurde, noch in der vorkeramischen Zeit (man benutzte also noch nicht einmal Krüge oder Gefäße aus gebranntem Ton), und lange, bevor man das Metall kannte. Die Steine mußten noch mit Steinstößeln gespalten und bearbeitet werden.

Oben: Eine verlassene Moschee im Sudan.

Links: Der Termitenhügel von mehreren Metern Höhe könnte ihr als Vorbild gedient haben.

Jericho: Die Überreste der Mauern und des Turms von Jericho.

Ebenfalls aus der Steinzeit, wenn auch aus einer späteren Epoche (etwa aus der Zeit von 1500–500 v. Chr.) und einer anderen Landschaft, stammen die sogenannten Nuragen auf den Mittelmeerinseln Sardinien und Sizilien.

Diese Nuragen sind runde, kegelförmige Türme, ein- oder mehrgeschossig, innen durch eine Leiter oder Wendeltreppe besteigbar. Sie sind ohne Mörtel ganz aus großen Steinblöcken gebaut und oben durch ein Gewölbe abgeschlossen.

Man nimmt an, daß es Häuptlingstürme waren, die sich –

etwa bei Überfällen phönizischer Seefahrer – gut vertei-
digen ließen und die allen Umwohnenden als Zuflucht
dienten.

Der Nurage enthält nur wenige Räume. Unten liegt stets
der größte, der mehr als hundert Menschen beherbergen
konnte. Das darüberliegende Stockwerk war meist durch
korkverkleidete Zwischenwände in einzelne Kammern
abgeteilt, die Essensvorräte und Waffen enthielten.

Auf Sardinien sind fast 8000 solcher Türme nachgewie-
sen (davon sind 1500 noch erhalten), auf Sizilien mehr
als 4500, so daß man annehmen kann, daß dort jedes
große Gehöft so einen Schutzraum hatte.

Interessant finde ich die Bedeutung und Herkunft des
Wortes »Nurage«. Es entstammt einer vor-indoeuropäi-
schen (also sehr alten) Sprache. »Nur, Nura oder Nurra«
bedeutet »Aushöhlung«. »Nur-aghe« ist zu übersetzen
mit »hohle Säule« oder »hohler Turm«. Daraus schließe
ich: Wenn man es bei diesen Türmen hervorhebenswert
fand, daß sie hohl sind, muß es vor ihnen ja wohl andere
gegeben haben, die es nicht waren, die man also nur von
außen erklettern konnte.

Nurage St. Barbara
– Querschnitt –

Ägyptische Türme – Wie die Entwicklung weiterging

Zwei frühe Beispiele für den Turmbau stammen aus Ägypten, aus der Zeit, als es dort schon eine eigene Schrift gab. Die alten Ägypter schufen eine Bilderschrift, die Hieroglyphen. Das Bildzeichen mit der Bedeutung »Burg« stellt ohne Zweifel einen Turm dar. Es hat sich zwar im Lauf der Jahrhunderte mehrmals gewandelt, der Turm bleibt trotzdem immer zu erkennen.

Man erkennt an diesen drei Schriftzeichen, wie sich der Turm in der Zwischenzeit weiterentwickelt hat. Er ist nicht mehr ein grobschlächtiger, ungegliederter Rundbau, der wie ein nach oben gestülpter Brunnenschacht in den Himmel ragt (wie noch der Turm von Jericho). Jetzt trägt er bereits ein vorspringendes Dachgeschoß, das mit Zinnen bekränzt ist. (Zinnen nennt man die schildartig aufragenden Mauervorsprünge oben auf dem Turmdach, hinter denen man Schutz suchen konnte.)

Ein kleines Elfenbeintürmchen, das man als Grabbeigabe in einem altägyptischen Königsgrab fand, ähnelt der mittleren der drei Hieroglyphen.

Entstanden ist es bereits um 3400 v. Chr. Aufbewahrt wird es im Alten Museum in Ostberlin. Es ist gerade 5 cm hoch und diente vielleicht als Figur zu einem Brettspiel. Man kann sehr schön erkennen, wie wohl sein Vorbild in Wirklichkeit ausgesehen haben muß: der Wohnturm, den es darstellt. Es ist ein Rundbau, der nach oben schmaler wird und der von einem weit überstehenden, balkonähnlichen Wehrgang bekrönt wird.

Deutlich sieht man den Eingang: Er liegt ganz oben, dicht unter der Dachplattform. Eine Leiter ist an die Mauer gelehnt und verdeutlicht das simple Verteidigungssystem. Nähert sich ein ungebetener Gast, zieht man die Leiter einfach oben durch den Eingang nach innen und schließt die Tür fest zu.

Ein nächstes Bild zeigt, wie sich der Turm (und leider

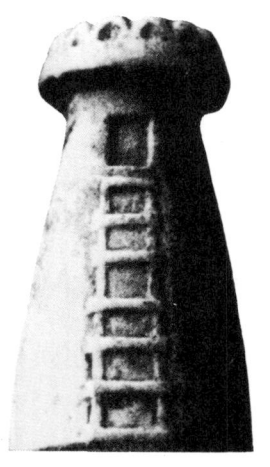

Das Elfenbeintürmchen aus den Königsgräbern von Abydos befindet sich heute im Alten Museum, Ostberlin.

auch die Kriegs- und Eroberungstechnik) nach 2000 Jahren weiterentwickelt hat. Es ist ein Steinrelief, ebenfalls ägyptisch, um 1200 v. Chr. in die Außenfront eines Tempels gemeißelt. Dargestellt ist die glorreiche Eroberung einer syrischen Turmburg durch die Ägypter.

Der syrische Turm hat drei deutlich erkennbare Stockwerke. Jedes trägt einen vorspringenden Umgang, eine Art Plattform. Die Verteidiger konnten so in mehreren Ebenen übereinanderstehen und den Angreifern Speere und Steine entgegenschleudern. Fenster gibt es nur im obersten, dritten Stockwerk.

Unten auf dem Bild versuchen gerade drei Ägypter, mit langstieligen Äxten die Tür des Turmes einzuschlagen. Zum Schutz gegen die herabgeschleuderten Lanzen haben sie sich ihre Schilde auf den Rücken gehängt und arbeiten in gebückter Haltung.

Links und rechts von ihnen haben ihre Landsleute Leitern angesetzt. Je zwei Männer steigen gerade zum ersten Stock hinauf und kommen den anderen Ägyptern zu Hilfe, die schon vor ihnen die Plattform erklettert haben und nun in arge Bedrängnis geraten sind. In der Mitte wird gerade einer von ihnen von einer Lanze durchbohrt, rechts stürzt ein anderer vom Turm. Auf der Plattform des zweiten Stockwerks sieht man eine Anzahl von Menschen, die offensichtlich vom Angriff überrascht wurden und mit aufgeregten Gesten Fackeln in die Höhe recken. Der Überfall geschieht also bei Nacht, im Schutz der Dunkelheit.

Wie wir wissen, endete der Kampf mit dem Sieg der Angreifer. Schließlich handelt es sich ja um ein Siegerbild zum Ruhm der Ägypter, und Niederlagen pflegt man selten im Bild festzuhalten.

Relief an der Außenseite des großen Tempels von Medinet Habu: Eroberung einer syrischen Festung.

Bericht
über eine erfolgreiche
Turmverteidigung

Nicht immer endeten solche Überfälle auf Türme wie hier auf dem ägyptischen Relief.

Die Bibel berichtet sehr anschaulich, wie ein Steinwurf so einen Angriff zunichte machte:

(Auszug aus der Bibel, Altes Testament, Buch der Richter, Kapitel 9, Vers 50–55.

Abimelech hat seine Brüder und Verwandten umgebracht und sich zum König der Israeliten aufgeschwungen. Unter seiner Führung erobern sie die Festung Sichem, töten alle Bewohner und machen die Stadt dem Erdboden gleich. Dann ziehen sie gegen die Stadt Thebez. Zeit: etwa 1450 v. Chr.)

»Abimelech aber zog gegen die Stadt Thebez und belagerte sie und gewann sie.

Es war aber ein starker Turm mitten in der Stadt. Auf den flohen alle Männer und Frauen und alle Bürger der Stadt und schlossen hinter sich zu und gingen auf das Dach des Turmes.

Da kam Abimelech zum Turm und stritt dawider und nahte sich der Tür des Turmes, daß er ihn mit Feuer verbrenne.

Aber ein Weib warf ein Stück von einem Mühlstein Abimelech auf den Kopf und zerbrach ihm den Schädel.

Da rief Abimelech den Knaben, der seine Waffen trug, und sprach zu ihm: ›Zieh dein Schwert aus und töte mich, daß man nicht von mir sage: Ein Weib hat ihn getötet.‹
Da durchstach ihn sein Diener, und er starb.
Da aber die Israeliten, die mit ihm waren, sahen, daß Abimelech tot war, ging ein jeglicher an seinen Ort.«

Je höher, stärker, prächtiger und sicherer die Türme im Lauf der Jahrhunderte wurden, desto mehr wurde aus einem rein praktischen ein symbolisches Bauwerk (das heißt ein Gleichnis für Macht und Stärke). Die Türme sind nun nicht mehr Fluchttürme für jedermann; nun gehören sie dem König, zumindest dem Häuptling.

Der Turm wird zum Sinnbild

Man war auf die Gnade des Königs angewiesen, darauf, daß er einem bei Gefahr Zuflucht in seinem sicheren Turm gewährte, der mehr und mehr zur Turmburg wurde. Dafür mußte man dem König Tribut zahlen.
So wurde der Turm zum weithin sichtbaren Sinnbild für die Macht des Herrschers. Je größer und uneinnehmbarer ein Turm war, desto größer und mächtiger mußte sein Besitzer sein.
Bald gewann bei den alten Völkern, den Ägyptern, den Sumerern und den Hethitern, die Priesterkaste immer mehr Einfluß und Macht. Damit wurden die Türme mehr und mehr zum Wahrzeichen der Macht der Götter, zu ihrem zeitweiligen Wohnsitz auf Erden oder zur Treppe zwischen Himmel und Erde.
Bei ihnen residierten die Götter nicht mehr in Bäumen und Quellen, lebten auch nicht mehr in Höhlen unter der Erde oder in heiligen Wäldern, jetzt wohnten sie »oben«, im oder am Himmel.

Und das ist seitdem fest in unserem Denken verankert. Zwar erklären uns die Theologen schon seit langem, daß man sich den Wohnsitz Gottes nicht »oben« vorzustellen hat, irgendwo hinter den amerikanischen Aufklärungssatelliten. Trotzdem hält sich diese uralte Vorstellung, daß der (symbolische) Himmel *oben* sei, mit erstaunlicher Hartnäckigkeit.

Es gibt also Linien, die über die Jahrtausende hinweg unser Denken mit dem der alten Völker verbinden. Aber nicht nur die Vorstellung von einem Gott, der oben ist, stammt aus der Zeit der frühen Türme. Im Grund genommen haben unsere Kirchtürme immer noch den gleichen Sinn wie die hochragenden Tempeltürme der Sumerer. In beiden Fällen hat der Turm keinen praktischen Zweck. Auch seine große Höhe läßt sich nicht sachlich begründen. Man kann einwenden, die christlichen Kirchtürme dienten doch als Glockentürme. Doch für diesen Zweck würde ein Turm von 50 m durchaus genügen. Wozu also die riesigen gotischen Türme, die mehr als 100 m hoch sind? Und warum haben viele mittelalterliche Kirchen nicht nur einen, den Glockenturm, sondern gleich vier, sechs und manchmal sogar acht Türme! Es gibt nur eine Erklärung: Damals wie heute war der Turm ein *Symbol*, ein Sinnbild für die Macht und Größe Gottes oder der Götter.

Türme mit seltsamen Namen (1)

Der *Butterturm*, ein schönes, spätgotisches Bauwerk, gehört zur Kathedrale von Rouen in Nordfrankreich. Sein seltsamer Name hat Anlaß zu vielen Sagen gegeben, in denen meist der überlistete Teufel eine Rolle spielt. So auch hier in dieser Geschichte:

Butterturm und Buttermilchturm

Ein junger Baumeister, der schon einige schöne Häuser in der Stadt Rouen errichtet hatte, bekam vom Rat der Stadt den Auftrag, den prächtigen und hohen Turm an der Kathedrale zu bauen, der noch heute steht und unter dem Namen »Butterturm« weit bekannt ist.

Der betrogene Teufel

Weil der junge Mann aber schon bald erkennen mußte, daß sein Können nicht ausreiche, ein so großes Werk auszuführen, rief er in seiner Not den Teufel um Beistand an.

Der Teufel war gleich bereit, beim Turmbau zu helfen, forderte allerdings als Gegenleistung – wie üblich – die Seele des Baumeisters. Der junge Mann, der ähnliches schon vermutet hatte, ließ einen Tropfen seines Blutes auf den Vertrag fallen, den der Teufel für solche Fälle vorbereitet in der Manteltasche bei sich trug. Somit war das Geschäft rechtskräftig, und der Teufel machte sich sofort an die Arbeit, unterstützt durch zahlreiche Dämonen, Unterteufel und Höllengeister.

Es dauerte nicht einmal ein Jahr, da stand der hohe Turm und konnte feierlich eingeweiht werden.

Alle Welt rühmte den jungen Baumeister (dessen zweifelhafte Helfer unentdeckt blieben), und man überhäufte ihn mit allerlei Ehren. Trotzdem war er nicht sehr froh dabei. Wußte er doch, daß seine Seele nach seinem Tod der ewigen Verdammnis anheimfallen würde.

Tag und Nacht überlegte er, wie er aus dem Vertrag mit dem Teufel wieder aussteigen könne. Und schließlich hatte er eine Idee.

Er rief nach dem Teufel, der auch prompt in einer Wolke aus Schwefeldampf bei ihm erschien, und sagte zu ihm: »Wie wir ja wissen, gehört dir meine Seele...«

»So wahr ich Teufel heiße!« sagte der Böse selbstzufrieden. »Denke nur nicht, daß ich dich aus dem Vertrag entlasse!«

»Allerdings«, fuhr der Baumeister unbeirrt fort, »allerdings wirst du sie erst nach meinem Tod bekommen. Und das kann lange dauern. Schließlich bin ich noch jung und könnte gut siebzig Jahre alt werden. Oder achtzig.«

»Ich habe Geduld«, entgegnete der Teufel.

»Es gäbe allerdings eine Möglichkeit für dich, schon heute nacht in den Besitz meiner Seele zu gelangen...« sagte der Baumeister.

»Schon heute nacht? Wie denn?! Erzähle doch!« rief der Teufel aufgeregt. (Mit seiner Geduld war es wohl doch nicht so weit her!)

»Ich möchte dir einen Handel vorschlagen«, sagte der

Baumeister. »Heute nacht, genau um Mitternacht, werde ich auf der höchsten Spitze meines Turmes stehn...«

»Unseres Turmes«, stellte der Teufel richtig.

Der Baumeister ließ sich nicht beirren. »Ich stehe also auf der Turmspitze«, sagte er. »Wenn es dir gelingt, die Wendeltreppe vom Fuß des Turmes bis zur Spitze hochzurennen, während die Turmuhr Mitternacht schlägt, darfst du mich packen und vom Turm stürzen. Dann gehört dir meine Seele schon heute nacht.«

»Und wenn ich es nicht schaffe, soll unser alter Vertrag wohl hinfällig sein?« fragte der Teufel.

»Du hast es erraten«, sagte der Baumeister. »Du rennst beim ersten Schlag der Turmuhr unten los. Bist du vor dem zwölften Schlag oben, hast du gewonnen. Kommst du später oben an, bin ich frei. Wie gefällt dir mein Vorschlag?«

Der Teufel überlegte eine Weile, schätzte seine Chancen ab und kam zu dem Ergebnis, daß sie gut stünden. (Teufel können äußerst schnell laufen. Nicht umsonst sagt man von einem, der sehr schnell ist: »Er rennt wie der Teufel!«

»Einverstanden«, sagte er und hielt dem Baumeister die Hand zum Einschlagen hin.

»Du mußt aber tatsächlich hochrennen«, sagte der. »Nicht etwa hochfliegen oder ähnliches Teufelszeug. Sonst ist unsere Wette ungültig.«

»Einverstanden«, sagte der Teufel noch einmal, und der Baumeister ergriff die ausgestreckte Hand des Teufels und schlug ein.

Beim letzten Abendläuten stieg der Baumeister auf den Turm und wartete dort auf die Mitternacht und den Teufel.

Endlich sah er ihn im fahlen Licht des Vollmonds, wie er sich auf dem Kirchplatz warmlief, Kniebeugen machte, auf der Stelle trippelte und offensichtlich ungeduldig auf das Startzeichen wartete.

Mitternacht nahte. Beim ersten Schlag der Turmuhr rannte der Teufel los, stürmte die Wendeltreppe empor, hatte bereits beim dritten Schlag der Uhr die Hälfte der Stiege hinter sich und wäre gewiß schon beim zehnten Schlag oben angekommen, wenn der schlaue Baumeister nicht die oberen Treppenstufen dick mit Butter beschmiert hätte. Der Teufel glitschte auf der Butter aus, stürzte und fiel holterdiepolter die halbe Treppe hinunter.

Als er sich endlich unten aufgerappelt hatte und ein zweitesmal losstürmen wollte, tat die Turmuhr oben gerade ihren zwölften, den letzten Schlag. Und dem genarrten Teufel blieb nichts anderes übrig, als unter Hinterlassung einer übelriechenden Schwefelwolke zu verschwinden.

Viel, viel später, als alter Mann, hat der Baumeister seine jugendlichen Verfehlungen gestanden und erzählt, wie er damals dem Teufel mit viel Butter seine Seele wieder abjagte.

Das ist der Grund, behauptet diese Geschichte hier, warum man den Turm, in dem dies geschah, noch heute den »Butterturm« nennt.

Der wahre Grund allerdings, warum das schöne Bauwerk so heißt, ist der, daß es weitgehend durch die Fastenopfer der Einwohner von Rouen finanziert wurde.

Jedes Jahr während der Fastenzeit (das sind die 40 Tage vor Ostern) verzichteten die Bewohner der Stadt darauf, Butter zu essen, die man damals in allen Haushalten selbst herstellte, und spendeten sie statt dessen der Geistlichkeit.

Durch den Verkauf dieser alljährlichen Butterspende

konnten die Bauarbeiter, die am Turm arbeiteten, bezahlt werden.

Der zweite Turm, der das Wort »Butter« im Namen führt, ist der *Buttermilchturm* in der ehemals ostpreußischen Stadt Marienburg. (Sie ist seit 1945 wieder polnisch und wird jetzt Malbork genannt.)
Nun darf man aber nicht denken, der Buttermilchturm wäre – wie der Butterturm – mit Geldern errichtet worden, die durch den Verkauf von Buttermilch hereinkamen.
Nein, der Turm wurde buchstäblich mit Buttermilch gebaut, als Sühne für einen frechen Frevel.
Das »Große Universal-Lexikon« von Johann Heinrich Zedler (übrigens das umfangreichste, das je gedruckt wurde, erschienen zwischen 1731 und 1750) gibt Auskunft, wie es dazu kam.
Unter dem Stichwort »Buttermilchturm« kann man dort lesen: »Marienburg ist eine polnische Stadt mit einem festen Schloß, in dem polnischen Preußen gelegen.
Es stehet ein Turm in der Stadt, welchen die sehr reichen und übermütigen Bauern von Groß-Lichtenau zur Strafe haben bauen müssen. Weil sie nämlich eine alte Sau in ein Bett geleget und den Pfarrer des Orts dazu gerufen haben, daß er dem Patienten die Letzte Ölung geben sollte.«
Der Herr Pfarrer tat, wie ihm geheißen. Er war wohl nicht mehr der Jüngste und bestimmt ziemlich kurzsichtig. (Es wäre gewiß eine böswillige Unterstellung und völlig falsch gedacht, wenn man nachträglich annähme, der Pfarrer habe gern und oft einem guten Glas Wein zugesprochen, was seine braven Bauern wußten, und sei bei der Letzten Ölung des Borstenviehs nicht mehr ganz nüchtern gewesen.)

»Tour de Beurre«, der Butterturm der Kathedrale von Rouen.

Leider kam der Vorfall dem strengen Bischof zu Ohren. Die übermütigen Bauern kamen vors Gericht und mußten zur Strafe – wie wir bei Zedler schon gelesen haben – einen Turm bauen.

Aber nicht genug damit:

»Weil sie nun den Kalk zur Strafe nicht mit Wasser, sondern mit lauter Buttermilch einmachen mußten, so hat der Turm daher den Namen bekommen.«

Der älteste bekannte Turmbesucher

Eine Inschrift oben im Turm der Frauenkirche in München berichtet, daß am 9. April 1819 der 1705 in Berchtesgaden geborene Anton Adner den Turm allein und ohne Hilfe zu seinem Vergnügen bestiegen habe. Er war zu diesem Zeitpunkt sage und schreibe 114 Jahre alt!

Tortentürme

Am 6. Oktober 1985 meldete die Presse, daß man zur Feier des 93. Geburtstages von Luis Trenker den höchsten Tortenturm der Welt gebacken hatte, einen Kuchen von 16,5 m Höhe.
Im Januar 1987 war dieser Rekord schon wieder überholt: Zur Eröffnung der Hamburger Konditoreimesse stellte man einen Tortenturm von 17,5 m Höhe vor.

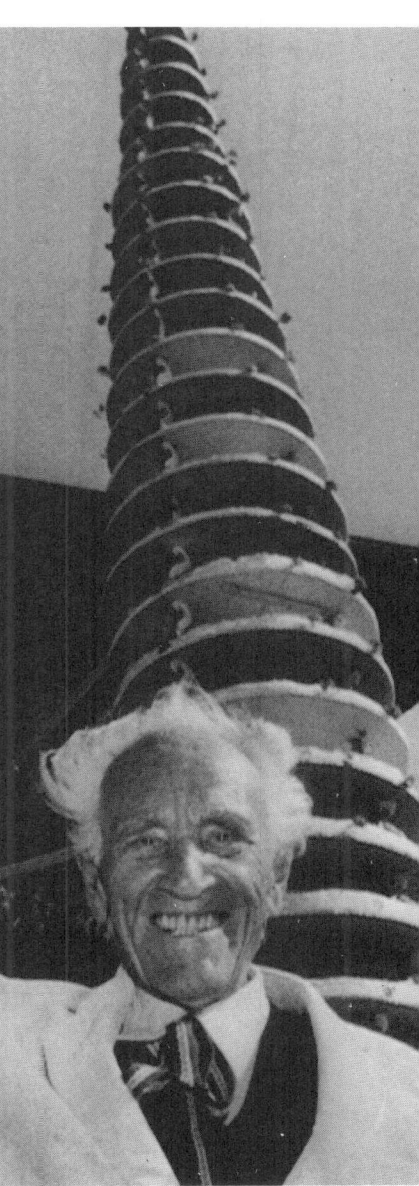

Luis Trenker vor seinem Tortenturm.

Der Turm zu Babel

Der babylonische Turm oder Turm zu Babel ist der bekannteste Turm der Welt. Allerdings ist er nicht als Bauwerk berühmt (die wenigsten wissen, wie er ausgesehen hat), sondern als Symbol. Als Sinnbild für die Überheblichkeit des Menschen, der sich zuviel anmaßt und dafür bestraft wird.

Die Grundgeschichte ist uralt. Schon in der Weda, der ältesten der heiligen Schriften der Inder (um 1000 v. Chr.), kann man sie lesen. Dort wird erzählt, daß die ersten Menschen einen Baum pflanzten, ihn pflegten und begossen, so daß er höher und höher wuchs. Als er bis an den Himmel reichte, kletterten die Menschen auf diesen Baum, um so in den Himmel eindringen zu können. Das erregte den Zorn der Götter. Sie zerschmetterten den Baum und zerstreuten die Äste über die ganze Erde. Weil

Der Ursprung der Turm-Fabel

Links: Nach Pieter Bruegels Gemälde »Der Turmbau zu Babel« von 1563 schuf Pierre Brauchli sein »Babylon heute«.

Rechts: Der Welten- oder Lebensbaum auf einem assyrischen Relief. Zwei Genien knien davor.

sich die ersten Menschen an den Ästen angeklammert hatten, wurden auch sie über die ganze Welt zerstreut.

Siebenhundert Jahre später ist die Geschichte bis ins Zweistromland vorgedrungen. Aber sie wird nun anders erzählt: Aus dem hohen Baum ist inzwischen ein Turm geworden.

Berosos, ein chaldäischer Geschichtsschreiber, hat sie aufgezeichnet. Bei ihm hört sich die Begebenheit so an: »Die ersten Menschen, von ihrer Macht berauscht, dachten, sie wären wie die Götter. Sie bauten einen sehr hohen Turm. Sie hatten schon fast den Himmel erreicht, da schickten die Götter Sturmwinde. Die warfen den Turm um und begruben die Arbeiter unter sich. Von da an zwangen die Götter die Menschen, verschiedene Sprachen zu sprechen.«

Berühmt wurden Turm und Geschichte aber durch die Bibel. Der Verfasser der Bibelstelle (die Theologen nennen ihn »der Jahwist«, weil er Gott »Jahwe« nennt) hat aus der ersten Geschichte die Zerstreuung des Menschengeschlechts über die ganze Erde übernommen, aus der zweiten den Turm und die Verwirrung der Sprachen.

Im ersten Buch Mose (der Genesis), Kapitel 11, Vers 1–9, liest man sie nun so:

»Es hatte aber die ganze Erdbevölkerung eine einzige Sprache und einerlei Worte. Als sie nun nach Osten hin zogen, fanden sie eine Tiefebene im Lande Sinear und blieben dort wohnen. Da sagten sie zueinander: ›Auf! Wir wollen Ziegel streichen und sie im Feuer hart brennen!‹ So dienten ihnen denn Ziegel als Bausteine, und Erdharz diente ihnen als Mörtel.

Dann sagten sie: ›Auf! Wir wollen uns eine Stadt und einen Turm bauen, dessen Spitze bis in den Himmel reichen soll, und wir wollen uns einen Namen schaffen, damit wir uns nicht über die ganze Erde hin zerstreuen!‹

Da fuhr der Herr herab, um sich die Stadt und den Turm anzusehen, welche die Menschen erbauten. Da sagte der Herr: ›Fürwahr, sie sind ein einziges Volk und haben alle dieselbe Sprache, und dies ist erst der Anfang ihres Unternehmens: Hinfort wird ihnen nichts mehr undurchführbar sein, was sie sich vornehmen. Auf! Wir wollen hinabfahren und ihre Sprache verwirren, so daß keiner mehr die Sprache des anderen versteht!‹ So zerstreute sie denn der Herr von dort aus über die ganze Erde, so daß sie den Bau der Stadt aufgeben mußten. Daher gab man der Stadt den Namen Babel (das heißt ›Wirrsal‹).«

Im biblischen Text wird der Schauplatz zum erstenmal genau festgelegt. Die Rede ist von einer Stadt, ihr Name wird genannt: Babel, die Hauptstadt von Babylonien.

Welche Gründe mögen den Verfasser dazu bewogen haben, die Geschichte dorthin zu verlegen?

Die Israeliten waren zum großen Teil Nomaden, hatten keine festen Häuser, zogen durchs Land und verabscheuten das seßhafte Leben. In der Bibel kann man nachlesen (Jer. 35/ 6,7), wie ihre Lebensweise aussah:

»Ihr und eure Kinder sollt kein Haus bauen, keinen Samen säen, keinen Weinberg pflanzen noch haben, sondern in Zelten wohnen, auf daß ihr lange lebet in dem Lande, in dem ihr umherzieht.«

Ihnen mußte die Großstadt Babel mit ihren Tausenden von festen Häusern und dem hohen Turm in der Mitte geradezu als Sinnbild der Überheblichkeit und einer falschen Lebensweise erscheinen.

Außerdem hatten die Israeliten lange unter den Babyloniern gelitten. In der sechzig Jahre währenden »babylonischen Gefangenschaft« waren sie gezwungen worden, nach Babylon ins Exil zu gehen und dort Sklavenarbeit zu leisten.

Links: Turmbau zu Babel. Aus dem Schedelschen »Liber chronicanum«, Nürnberg 1493.

So ist es nur zu verständlich, wenn der biblische Geschichtsschreiber die Geschichte im verhaßten Babylonien ansiedelt. Viele Einzelheiten seines Berichtes sind historisch nachprüfbar: Das erwähnte Tiefland ist das Zweistromland zwischen den Flüssen Euphrat und Tigris (im heutigen Irak gelegen). Die beschriebene Bauweise (gebrannte Ziegel mit Erdharz als Mörtel) wurde tatsächlich beim Turm in Babel angewandt, Stadt und Turm hat es wirklich gegeben.

Aber im Gegensatz zum biblischen Bericht wurde der Bau von Stadt und Turm keineswegs wegen allgemeiner Sprachverwirrung abgebrochen. Im Gegenteil: Der Turm stand fast dreitausend Jahre lang. Viermal im Lauf seiner Geschichte wurde er zerstört, viermal wieder aufgebaut, bis ihn schließlich der Perserkönig Xerxes I. (um 519–465 v. Chr.) endgültig einreißen ließ.

Die Sumerer und ihre Tempeltürme

Die Geschichte des Turms beginnt mit der Geschichte der Sumerer. Irgendwann um 3000 v. Chr. tauchte das Volk der Sumerer im Zweistromland auf. Woher es kam, ist ungewiß. Aber es gibt einen Hinweis in seiner Schrift. (Es waren übrigens die Sumerer, die die Schrift überhaupt erfunden haben.)

Das sumerische Schriftzeichen ⋏⋏ hat drei Bedeutungen; es kann »Berg«, »Land« oder »Osten« heißen. Daraus läßt sich schließen: Die Sumerer waren ursprünglich ein Bergvolk, das aus dem Bergland im Osten der Ebene stammt.

Das Land, in dem sie nun lebten, war völlig anders als ihre Heimat. Es dehnte sich ohne jede Erhebung bis zum Horizont aus.

Die Sumerer gründeten im Zweistromland Städte, in

deren Mitte sie Hügel aus Erde aufschütteten. Das könnte praktische oder auch religiöse Gründe gehabt haben. Ein praktischer Grund: Fast jedes Jahr gab es Überschwemmungen. Die Hügel ragten aus dem Wasser und dienten als letzter Zufluchtsort. Ein religiöser Grund: In den heimischen Bergen der Sumerer standen die Heiligtümer auf den Bergspitzen, vielleicht betrachtete man sogar die Gipfel als Wohnsitz der Götter. In Ermangelung echter Berge bauten sie in ihrem neuen Land künstliche, um die Götter zu bewegen, sich wieder in ihrer Umgebung niederzulassen. Nach und nach entstanden aus den lose aufgeschütteten Hügeln dauerhafte Terrassen, aus Ziegeln und Erdharz gemauert.

Diese Terrassen wuchsen mit der Zeit immer höher, eine zweite Terrassenstufe wurde auf die erste gebaut, eine dritte auf die zweite. Die letzte Stufe trug den Tempel. So ergab sich ein stufenförmiger Tempelturm, den man eine *Zikkurat* nennt. Es gab viele in Babylonien, bis heute hat man die Reste von 32 Zikkuraten gefunden. Aber die höchste stand in der großen Hauptstadt Babylon: Der Turm zu Babel.

Babylon (»Tor Gottes«), in der Bibel »Babel« genannt, hat dem ganzen Land den Namen gegeben, nach ihr nannte man es Babylonien. Am Ufer des Euphrat gelegen, war Babel größte Stadt der damaligen Welt. Nicht nur das: Niemals später wurde eine größere befestigte, ummauerte Stadt gebaut. Millionen von Menschen lebten hier.

Wenn eine Kamelkarawane durch das Osttor in die Stadt ritt, sie ohne anzuhalten durchquerte und durch das Westtor wieder verließ, brauchte sie dazu anderthalb Tage.

Die Perser konnten auch deshalb Babylon erobern, weil es eine ganze Woche dauerte, bis man in den entfernteren Stadtteilen mitbekommen hatte, daß feindliche, persi-

Sumerisches Rollsiegelbild der Turmbau-Szene.

sche Soldaten durch die Stadtmauer eingedrungen waren.

Die Perser waren die letzten in einer langen Reihe von Eroberern.

Vorher waren die Stadt und das Land von den Hethitern besiegt worden, diese von den Assyrern, die wiederum von den Chaldäern. Das Erstaunliche bei all diesen Eroberungen: Alle Siegervölker nahmen nach kurzer Zeit die Religion der besiegten Sumerer an.

Hatte etwa ein hethitischer König bei der Eroberung der Stadt den Tempelturm, das Zeichen sumerischer Macht und Größe, völlig zerstören lassen, so ließ ihn sein Sohn, spätestens sein Enkel reumütig wieder aufbauen und opferte dort den sumerischen Göttern.

Ein assyrischer König mit Namen Asarhaddon (er regierte im 7. Jahrhundert v. Chr.) hat nicht nur den von seinem Vater zerstörten Turm wieder aufrichten lassen, er hat uns auch schriftlich hinterlassen, wie er das tat. Die Tontafel (ein unschätzbarer Fund für die Archäologie) lag schon Jahrzehnte im Britischen Museum in London, ehe man um 1910 auf sie aufmerksam wurde und die Schriftzeichen entziffern konnte:

»Ziegel ließ ich streichen, die Baumeister, die den Plan machten, versammelte ich alle, und was angeht den Turm, so habe ich sein Fundament gelegt und den Grundstein gesetzt. Ich habe ihn, 90 m die Längsseite, 90 m die Breitseite, wieder hergestellt.«

Die genauen Maße sind in den Ton geritzt. Sieben Stufen hatte der Turm. Die unterste war, wie beschrieben, 90 m breit, die oberste 24. Insgesamt war der Turm um die 95 m hoch.

Aber die Baumeister mußten wohl schlampig gearbeitet haben. Denn einer seiner Nachfolger, Nabuchodonosor II., der in der Bibel Nebukadnezar genannt wird und

Oben: Der Turm zu Babel, Stahlstich um 1840.

Links: Assyro-babylonisches Rollsiegelbild des Marduk-Turmes.

von 605 bis 562 v. Chr. König war, hinterließ ebenfalls eine Schrifttafel:

»Zu jener Zeit gebot mir der Gott Marduk, den Turm zu Babylon, der in der Zeit vor mir geschwächt und teilweise eingestürzt war, zu erneuern; sein Fundament fest an die Unterwelt zu gründen, damit seine Spitze zum Himmel strebe.«

Er baute den Turm neu, mit einer 60 m langen und 9 m breiten Freitreppe, die entweder zum 2. oder bis zum 7. Stockwerk hinaufführte. (Darüber streiten noch die Altertumsforscher.)

Der letzte Augenzeuge, der den Turm noch hat stehen sehen und darüber berichtete, war der griechische Reiseschriftsteller Herodot, der auf seiner Weltreise um 470 v. Chr. Babylon besichtigte. Er schreibt:

»Mitten im heiligen Bezirk von Babylon ist ein fester Turm errichtet, auf dem Turm steht wieder ein Turm, und dann noch einer, im ganzen sieben Türme übereinander. Alle Türme kann man ersteigen auf einer von außen heranführenden Treppe. Auf dem höchsten Turm steht erst der eigentliche große Tempel, mit Gold überzogen. Darin steht ein Ruhebett. Auf ihm nächtigt eine aus Babylon stammende Jungfrau, die der Gott unter allen Frauen des Landes erwählt hat. Die Priester erzählen, der Gott komme persönlich in den Tempel und schlafe mit ihr auf dem Ruhebett. Das kann ich aber nicht glauben.«

Nur wenige Jahre später hat Xerxes, der Perserkönig, den Turm endgültig zerstören lassen.

Als Alexander der Große 330 v. Chr. nach Babylon kam, war vom babylonischen Turm nur noch ein riesiger Schutt- und Ziegelberg übrig. Alexander, der Babylon zu seiner neuen Hauptstadt machen wollte, plante, den Turm wieder aufbauen zu lassen. Zwei Monate lang arbeiteten 10 000 Menschen daran, den Schutt beiseite zu

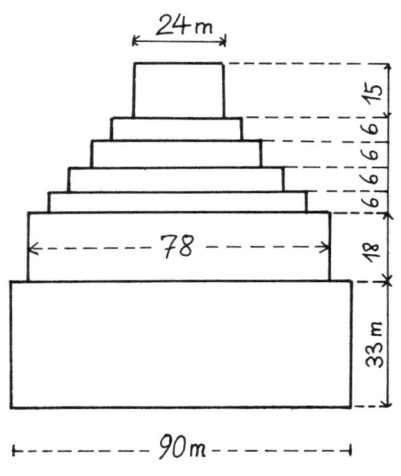

Die Maße des Turms zu Babel, wie König Asarhaddon sie in Ton ritzen ließ.

schaffen. Als das wenig Erfolg zeigte, ließ Alexander sein ganzes Heer Ziegelsteine wegräumen. Schließlich waren 600 000 Tagelöhner mit Aufräumungsarbeiten beschäftigt. Da starb Alexander am gelben Fieber, die Arbeiten wurden eingestellt.

Heute ist von den Millionen Ziegeln nichts mehr zu sehen. Jahrhundertelang dienten sie als Baumaterial für die umliegenden Dörfer und Städte. Auch von der Riesenstadt Babylon ist nichts übriggeblieben als ein Schutthaufen. Es dauerte zweitausend Jahre, ehe die Archäologen überhaupt den Platz wiederfanden, an dem sie gestanden hatte.

Aber wenn man sich die Backsteine genau ansieht, aus denen der moderne Hindije-Staudamm im Euphrat gebaut ist, wird man eine verblüffende Entdeckung machen: Auf den allermeisten findet sich ein viereckiger Keilschrift-Eindruck. Das ist der Stempel Nebukadnezars, der auf seinen Befehl hin in jeden Ziegelstein eingedrückt wurde, der beim Turmbau zu Babel Verwendung fand.

Wirkung und Nachwirkung

Es muß für einen Reisenden, der mit einem Boot den Euphrat hinunterfuhr, ein unbeschreiblicher Anblick gewesen sein, wenn er sich dem Turm und der Stadt Babel zum erstenmal näherte.

Oder für eine Nomadensippe, die – ihre zusammengelegten Zelte hinten auf den Lasttieren – mit einer Kamelkarawane über die Ebene geritten kam. Das Land um die Stadt herum war bretteben, wie eine Tischplatte. Man konnte kilometerweit sehen.

Und da ragte auf einmal aus dieser waagrechten Fläche ein riesiger Turm in die Höhe, gleißend und blendend im

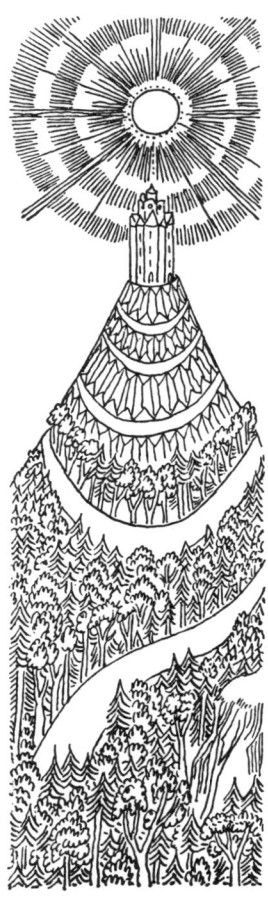

Sonnenlicht. Die obersten Stockwerke waren mit glasierten, spiegelnden Keramikkacheln verkleidet, in denen sich das Licht tausendfach brach wie in einem Edelstein. Darüber strahlte der Tempel, dessen Wände mit Gold überzogen waren.

Die Männer, die auf Kamelen aus den abgeschiedenen und menschenleeren Sandwüsten im Westen und Süden kamen, über die Ebene ritten, um das Land zu erkunden, die plötzlich den Tempelberg in der Ferne glänzen sahen, die anhielten, ihn lange scheu beobachteten und wieder zurückritten, ohne sich näher zu wagen – was mögen sie daheim in den Oasen, abends in den Zelten, erzählt haben? Konnten sie dieses Wunder sich und den anderen erklären? Vielleicht sind auf diese Weise die Geschichten entstanden, die von einem Berg aus Glas oder einem Diamantberg handeln. Arabische Märchenerzähler könnten sie den Kreuzrittern berichtet haben, mit denen sie dann nach Europa gelangten, wo sie weiterlebten und schließlich im 19. Jahrhundert von den Brüdern Grimm aufgeschrieben wurden.

»Oll Rinkrank« ist so ein Grimmsches Märchen, oder »Die Rabe«, wo eine Jungfrau in einem goldenen Schloß, das auf der Spitze eines Berges aus Glas steht, auf den Prinzen wartet, der sie befreit.

Turm-Rekonstruktionen

Rekonstruktion bedeutet wörtlich »Wiederherstellung«. Zahlreiche Archäologen haben versucht, den Turm von Babel zu rekonstruieren. Damit ist nicht gemeint, daß sie ihn neu aufbauen wollten: Sie stellten Vermutungen und Berechnungen an, verglichen alte Texte und gruben alte Ruinen aus, um herauszufinden, wie der Turm genau ausgesehen hatte. Durch die Beschreibungen von Asarhaddon und Herodot wußte man schon viel über den Turm. Aber einiges ließ sich nicht aus den Texten ablesen. Hatte der Turm sieben Terrassen, auf denen dann der Tempel als achte stand, oder war dieser selbst die siebte Stufe? Wie sahen die Treppen aus? Gab es Seitentreppen? War der ganze Bau glatt und schmucklos, oder war er durch vorgesetzte Pfeiler gegliedert? War er auch mit glasierten Kacheln verkleidet wie andere Zikkurate, deren Ruinen man inzwischen entdeckt hatte?

Solche Fragen ließen sich nicht theoretisch lösen, darüber konnte nur die Turmruine selbst Auskunft geben. Dazu mußte allerdings erst einmal die Stelle gefunden werden, wo der babylonische Turm gestanden hatte. Zwischen 1811 und 1900 fanden Wissenschaftler aus vielen Ländern die Überreste von insgesamt elf Zikkuraten. Jeder glaubte, den Platz gefunden zu haben, wo sich früher einmal der babylonische Turm erhoben hatte. Aber alle Fundstellen erwiesen sich als falsch.

Eine deutsche Orient-Expedition unter Robert Koldewey fand 1912 endlich die Ruinen von Babylon und damit die

Links: Illustration zu dem Grimmschen Märchen »Die Rabe«.

Zeichnung nach einem Modell von Sir Henry Rawlinson.

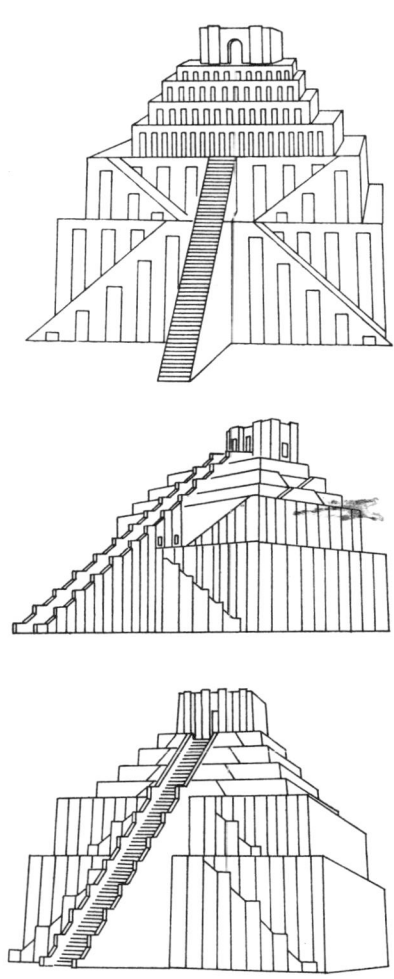

Verschiedene Rekonstruktionen der
Zikkurat von Babylon.

des Turms. Es gab keine sensationellen Funde, keine
großen Ergebnisse: Man fand glasierte Kacheln (der Turm
war also außen mit farbigen Fliesen bedeckt), die Überreste von Pfeilern und, 60 m vom Fundament des Turms
entfernt, den Ansatzpunkt, den Beginn einer 9 m breiten
Treppe.

Aus den Funden von Koldewey, den antiken Texten und

eigenen Berechnungen versuchten nun verschiedene Archäologen verschiedene Rekonstruktionen des Turmes zu zeichnen oder als kleines Modell zu bauen. Hier sind einige davon. Wie man sieht, unterscheiden sie sich nur in Einzelheiten (Verlauf der Treppen, Anzahl der Terrassen, Verzierungen). Der Gesamteindruck des Turms von Babel ist bei allen ziemlich ähnlich: So hat er höchstwahrscheinlich ausgesehen!

Wie man sich früher den Turm zu Babel vorstellte

Im Mittelalter ist viel darüber gestritten worden, wie hoch der Turm zu Babel gewesen sei.

Man nahm damals die Bibel noch ganz wörtlich. Im Buch Mose steht, daß die Spitze des Turmes »bis in den Himmel« reichte. Nur: Wo fing der Himmel eigentlich an?

Für einige mittelalterliche Autoren begann der Himmel jenseits der Wolken. Da die Wolken in 1000 m Höhe über die Erde ziehn (das legte man kurzerhand fest), und da die Wolkenschichten noch einmal tausend Meter dick sein können, mußte der Turm mindestens 2000 m oder 2 km hoch gewesen sein. Das war anderen beileibe nicht hoch genug. Sie argumentierten: Der Himmel fängt erst viel weiter oben an, schließlich sagt man »der Mond steht *am Himmel*«, folglich reichte die Spitze des babylonischen Turmes mindestens bis zum Mond und keinen Zentimeter weniger! Erstaunlicherweise setzte sich nicht die erste Meinung durch, sondern die zweite.

Heute lächeln wir darüber und finden diese Annahme recht absurd. Die mittlere Entfernung zwischen Erde und Mond beträgt immerhin 384 400 000 m!

Übertragen wir doch mal eine typische Baustellenszene unserer Zeit in die damalige: Der Polier oben auf der Spitze des Turms schaut auf die Sonnenuhr und sagt zum jüngsten Lehrling: »In einer Viertelstunde ist Mittagspause. Geh mal schnell nach unten und hol mir einen Tonkrug voll Babeler Hofbräu!« (Das Bier wurde tatsächlich von den Babyloniern erfunden. Das ältestes Reinheitsgebot für den Gerstentrank findet sich in Keilschrift auf einer Tontafel.)

Der vierzehnjährige Stift rennt los. Wenn er sehr schnell ist, schafft er 5000 m in der Stunde. Bei einem 10-Stunden-Arbeitstag wäre er bereits nach 21 Jahren unten. Der inzwischen 35jährige kauft schnell das Getränk und steigt wieder nach oben. Treppauf geht es natürlich langsamer. Rechnen wir 1000 m pro Stunde. Vom Fuß bis zur Spitze des Turms bräuchte er somit 105 Jahre. Und aus unserem Lehrling wäre, wenn er es wirklich geschafft hätte, wieder oben anzukommen, inzwischen ein rüstiger Greis von 140 Jahren geworden!

Es ist natürlich leicht (und ein bißchen unfair), sich mit dem Wissen von heute über die Unwissenheit der mittelalterlichen Menschen lustig zu machen. Man muß ihnen zugute halten, daß die Wissenschaft noch in ihren Anfängen steckte, man die Erde noch für eine Scheibe hielt und die genaue Entfernung Erde–Mond nicht kannte. Es war sogar gefährlich, sich mit Naturwissenschaft zu befassen und neue Ideen zu entwickeln. Der italienische Naturforscher Galilei, der behauptet hatte, die Erde drehe sich um die Sonne, wurde noch 1633 in einem Prozeß unter Androhung der Folter gezwungen, dies zu widerrufen. (Seine Werke standen bis 1835 auf der Liste der Bücher, die ein Katholik nicht lesen durfte.)

So dauerte es bis zum Jahr 1679, bis man sich von der Vorstellung trennte, der Turm zu Babel hätte bis zum Mond gereicht. Inzwischen war die Kugelgestalt der Erde bewiesen und die Entfernung Erde–Mond annähernd bekannt.

Athanasius Kircher, ein gelehrter deutscher Jesuit, bewies in seinem Buch »Turris Babel« (das heißt nichts anderes als »Turm zu Babel«, damals schrieb man wissenschaftliche Werke in Latein, so konnten sie von allen anderen Gelehrten in Europa verstanden werden) – er bewies also in seinem Werk, daß der Turm unmöglich so hoch gewesen sein konnte.

Sein Beweis: Das Gewicht des riesigen Turmes hätte die Erde unweigerlich aus dem Gleichgewicht gebracht, so daß sie gekippt wäre.

Zwar läßt uns die Vorstellung von einer Erdkugel, die durch das Gewicht eines Turmes kippt, so daß der nach unten hängt, heute auch schmunzeln. Wissen wir doch, daß es bei den im Weltall schwebenden Planeten kein Oben und Unten gibt. Aber Kirchers Schlußfolgerung, daß der Turm wesentlich niedriger gewesen sein muß, können wir vorbehaltlos zustimmen.

Auf einem Kupferstich hat Athanasius Kircher seine Beweisführung dargestellt. Die Überschrift zeigt seine Gelehrsamkeit: Das Bibelzitat »Auf! Wir wollen eine Stadt und einen Turm bauen, dessen Spitze bis in den Himmel reichen soll« ist dort in lateinischer, griechischer, syrischer, hebräischer, arabischer und chaldäischer Sprache und Schrift wiedergegeben.

Wenn man genau hinsieht, erkennt man über dem Turm den (Halb-)Mond, bis zu dem die Spitze reicht.

Im unteren Teil des Bildes sind die drastischen Folgen solch eines Bauvorhabens dargestellt: Das Centrum mundi, der Erdmittelpunkt, hat sich nach links in den Turm verschoben und liegt jetzt da, wo zur Veranschaulichung das Gewicht der Erdkugel an einer Kette hängt. Das Unglück ist bereits geschehn, die Erde gekippt.

Athanasius Kircher macht sich in dem Buch auch Gedanken, wie der Turm wirklich ausgesehen haben könnte. Er

Athanasius Kirchers bildliche Beweisführung, daß die Erde durch das Turmgewicht kippen würde.
Aus »Turris Babel«, 1679.

Rechte Seite: Turm zu Babel von Athanasius Kircher.

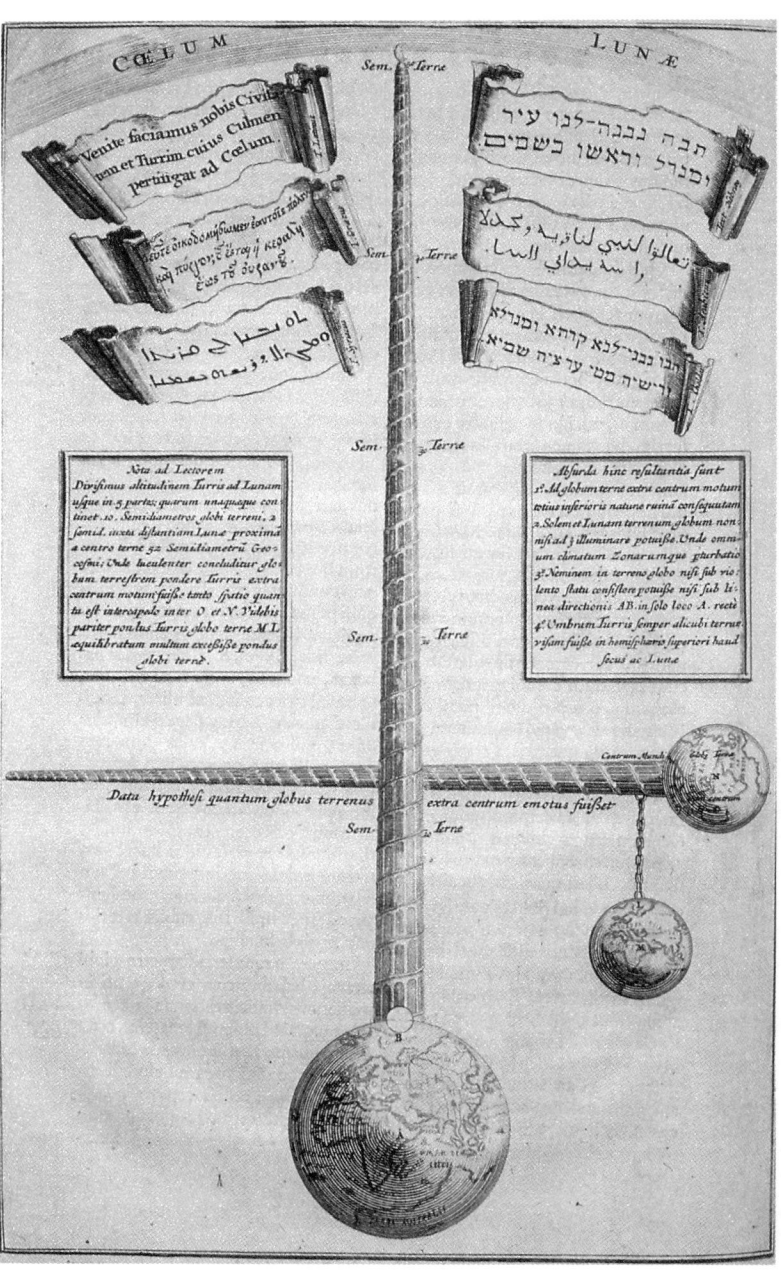

hat die Turmbeschreibung von Herodot im griechischen Original gelesen und geht deshalb von acht Stockwerken aus.

Der erste Turm, den er zeigt (rechts auf dieser Seite), ist noch sehr nach der Vorstellung von einem schlanken, spindelförmigen Bauwerk gestaltet. Die Stockwerkeinteilung (neben dem Turm erkennt man die Zahlen) ist recht willkürlich.

Der Turm auf der nächsten Seite, ein wuchtiges Bauwerk mit einer außen herumführenden Treppe, geht durchaus in die richtige Richtung. (Man hat inzwischen auch Reste von Zikkuraten gefunden, die als Rundtürme gebaut waren.)

Ein anderer Naturforscher und ein anderes Buch müssen noch erwähnt werden: 1731 erschien in Augsburg die »Kupferbibel« des Johann Jacob Scheuchzer.

Es ist ein unvergleichliches Buch, in dem man am liebsten wochenlang blättern und lesen würde. Die Naturwissenschaft der Zeit, das ganze Wissen überhaupt, ist da in einer altertümlichen, aber durchaus noch verständlichen Sprache ausgebreitet, ergänzt durch Hunderte von wunderschönen Kupferstichen (nach denen das Buch seinen Namen hat).

Da die Naturwissenschaften bei frommen Leuten immer noch etwas Anrüchiges hatten, nach Ketzerei und Gottlosigkeit rochen, mußte Scheuchzer einen Trick anwenden, um sein Wissen unters Volk bringen zu können. Er gab eine dicke, übergroße Bibel heraus, in der »die geheiligte Natur-Wissenschaft deren in der heiligen Schrift vorkommenden Sachen deutlich erklärt wird«.

Wenn zum Beispiel im Neuen Testament geschrieben steht, daß Jesus Brote und Fische verteilen ließ, nimmt Scheuchzer das zum Anlaß, über verschiedene Methoden zu schreiben, wie man Brot herstellen kann, erklärt

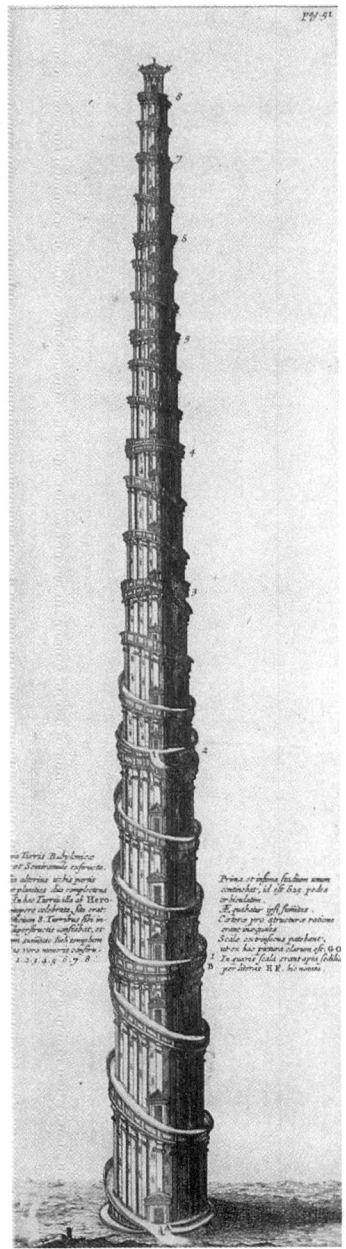

Ein anderer Babelturm von
Athanasius Kircher.

dann alle bekannten Fischarten, teilt sie in Klassen ein
und stellt sie im Bild vor.

Er geht so weit, daß er, wenn in der Bibel von »Strauch-
dieben« die Rede ist, an dieser Stelle die verschiedenen
Straucharten aufzählt, ihre Blüten und Früchte
beschreibt und sie im Bild zeigt.

Er läßt es sich natürlich nicht nehmen, auch beim Turm
zu Babel sein Wissen, seine Berechnungen und seine
Überlegungen auszubreiten. Erst entkräftet er noch einmal die Meinung, daß der Turm sich bis zum Mond
erhoben hätte:

»Unwidertreiblich (das heißt: ohne jeden Zweifel) ist das eine ungereimte, törichte Meinung! Da der Mond in seiner nächsten Anwesenheit mindestens 50 halbe Erden-Durchmesser von uns absteht, wird ein jeder Vernünftiger wahrnehmen, daß ein solches Werk in seiner unförmlichen Größe die Erde selbst zu weit unter den Mond gedrückt und aus ihrem Mittel-Punkt gehoben hätte.« (Bis dahin gibt er wieder, was er offensichtlich bei Athanasius Kircher gelesen hat. Er bringt aber auch ein eigenes, zugkräftiges Argument:)
»Ganz zu schweigen, daß 50mal mehr Bau-Materialien und Zeug nötig gewesen wäre, als die ganze Erde hätte fassen mögen.«
Danach bringt er seine Überlegungen vom wahren Aussehen des Turms: (Sie sind behutsam in heutiges Deutsch übertragen.)
»1. Weil die Baukunst damals noch in den Anfängen steckte, war dieses Gebäude ohne Zirraten (das heißt: ohne Verzierungen).
2. Unten waren die Mauern sehr, sehr dick.
3. Zweifellos war die oberste Plattform nicht nur dem Tempel gewidmet, sondern vielfältigen anderen Gebäuden, welche Priester, Schatzmeister, Schatzkämmerer und dergleichen beherbergte.
4. Hat dieser Turm höher aufgerichtet werden müssen, als die Arche Noah gestanden hat, als sie über den Sündflut-Wassern schwebte. Damit der Tempel aus dem Wasser rage, wenn je die Erde wieder aufs neue unter Wasser gesetzt werden solle. Deshalb eignete diesem Turm wenigstens eine Höhe von 25 000 Schuh, das sind ¾ deutsche Meilen (ca. 8 500 m).«
Auch Scheuchzer bringt zwei Bilder, die zeigen, wie der Turm zu Babel ausgesehen haben könnte. Der erste Turm mit den außen umlaufenden Treppen ist offensichtlich

Wie der Turm zu Babel ausgesehen haben könnte. Zwei Kupferstiche aus Johann Jacob Scheuchzers Kupferbibel von 1731.

von Kircher beeinflußt. Der zweite erinnert mehr an Festungsbauwerke der Barockzeit.

Noch ein allerletzter Nachtrag zu Scheuchzers Turmkapitel sei erlaubt:

Um so einen Riesen-Turm zu bauen, waren natürlich sehr viele Menschen erforderlich. Von der Sintflut bis zum Beginn des Turmbaus sind – nach der genauesten Berechnung von Scheuchzer – allerdings erst 175 Jahre vergangen. Mit Ausnahme von Noah und seiner Familie waren ja alle Menschen bei der Sintflut ertrunken. Scheuchzer stellt wieder Berechnungen an und weiß dann ganz genau, wie viele Nachfahren von Noah und seinen drei Söhnen existierten: 9 094 468 (Neunmillionenvierundneunzigtausendvierhundertachtundsechzig) Menschen. Davon haben wiederum 1 763 128 (Einemillionsiebenhundertdreiundsechzigtausendeinhundertachtundzwanzig) Personen am Turm gearbeitet (Scheuchzer verrät uns leider nicht, wie er zu dieser exakten Zahl kam), und folglich, schreibt er, »belauft sich die Zeit auf 12 Jahre, worinnen ein so gewaltiges Gebäude zu Ende gebracht hat werden können«.

Eigentlich schade, nach all den wilden Vermutungen und verwegenen Berechnungen der vergangenen Zeit, daß uns für solche Vorstellungen von kilometerhohen Rundtürmen mit Millionen von Bauarbeitern, die Monate brauchen, bis sie zur Spitze des Turmes hochgeklettert sind, heute kein Raum mehr bleibt! Die Wissenschaft hat's nun mal bewiesen: Der Turm zu Babel war 90 m hoch und viereckig.

Ein Turm und eine Geschichte aus Afrika

In dem Buch »Architektur der primitiven Kulturen« von Enrico Guidoni fand ich die Abbildung eines Turmes aus Lehm, der wie der kleine Bruder des Turms zu Babel aussieht.

Aus der Bildunterschrift geht hervor, daß es sich um einen heiligen Turm handelt, der in Afrika zu finden ist, und zwar im Tschad, südlich des Tschad-Sees.

Im Textteil des Buches suchte ich vergeblich nach einem Hinweis zum Turm, auch aus anderen Büchern war nichts darüber zu erfahren.

Mir schien es undenkbar, daß diese Turmform ohne Kenntnis der sumerischen Türme entstanden sein sollte. Es gibt einfach zu viele Übereinstimmungen: Viereckiger

Grundriß, die große Freitreppe, die zur Turmplattform führt, die kleinen zackenförmigen Zinnen oben am Turmabschluß.

Andrerseits mußte ich mir sagen, daß es genauso unwahrscheinlich war, daß eine Verbindung zwischen dem Zweistromland und dem Tschad, über die arabische Halbinsel, Ägypten, Nubien, den Sudan hinweg, bestanden haben könnte. Ich habe es im Atlas nachgemessen: Zwischen den Ruinen Babylons und dem südlichen Tschad liegen immerhin 4000 km Luftlinie. Mißt man die gleiche Strecke in Richtung Nordwesten, landet man bei Oslo in Norwegen. Also doch ein Zufall?

Dann stieß ich auf eine Geschichte, welche die Aschantis den ersten europäischen Missionaren erzählten, die sie zum Christentum bekehren wollten. Die Aschantis wohnen noch weiter im Westen von Afrika, gehören aber zur gleichen (sudanesischen) Sprachfamilie wie die Tschad-Völker.

Seitdem bin ich felsenfest davon überzeugt, daß es Verbindungen zwischen Babylonien und Westafrika gegeben hat.

Ich habe die Geschichte, deren Inhalt von dem englischen Missionar recht knapp wiedergegeben wird, ein bißchen breiter erzählt. Aber ihre Grundzüge sind unverändert.

Heiliger Turm von Goulfeil (Tschad).

Der Turm
aus Kornspeichern
oder
Warum die Menschen
verschiedene Sprachen
sprechen

Früher redeten alle Menschen in einer Sprache. Das würden sie auch noch heute tun, wenn sie nicht so neugierig wären! Eines Tages kamen die Leute auf die Idee, zu gucken, was über den Wolken sei.

Sie berieten miteinander, wie sie das tun könnten. Sie berieten und berieten, und schließlich sagte einer: »Laßt uns doch den König fragen. Vielleicht weiß der, wie man es anstellen kann.« So fragten sie den König: »Wie kann man herausfinden, was über den Wolken ist?«

Der König wiegte den Kopf hin und her, dachte lange nach und sagte: »Das werde ich euch erzählen, wenn ich mit meiner Frau geredet habe.«

Und er ging zu seiner Frau und fragte sie: »Wie kann man herausfinden, was über den Wolken ist?«

Die Frau lachte und sagte: »Ganz einfach: Man muß einen Turm bauen, der bis zu den Wolken reicht.«

Da kehrte der König zu seinen Leuten zurück und sagte: »Ganz einfach: Man muß einen Turm bauen, der bis zu den Wolken reicht.« Die Leute freuten sich und beschlossen, gleich den Turm zu bauen. Sie wußten nur nicht, wie. Deshalb berieten sie miteinander, wie sie das tun könnten. Sie berieten und berieten, und schließlich sagte einer: »Laßt uns doch den König fragen. Vielleicht weiß der, wie man einen Turm baut.«

So fragten sie den König: »Wie baut man einen Turm?«
Der König wiegte den Kopf hin und her, dachte lange
nach und sagte: »Das werde ich euch mitteilen, wenn ich
mit meiner Frau geredet habe.«
Und er ging zu seiner Frau und fragte sie: »Wie baut man
einen Turm?«
Die Frau lachte und sagte: »Ganz einfach: Wenn man all
die großen Behälter aus Lehm aufeinanderstellt, in denen
das Korn gespeichert wird, so entsteht ein Turm.«
Da kehrte der König zu seinen Leuten zurück und sagte:
»Ganz einfach: Stellt all eure Kornspeicher übereinander, dann habt ihr einen Turm!«
Die Leute freuten sich, stellten all ihre Kornspeicher
übereinander und bauten so einen Turm. Aber der Turm
war viel zu niedrig, kaum höher als ein großer Baum.
Die Leute berieten lange, was zu tun sei, und schließlich
sagte einer: »Laßt uns den König um Rat fragen!«
So fragten sie den König: »Was sollen wir tun? Der Turm
ist viel zu niedrig!«
Der König wiegte den Kopf hin und her, dachte lange
nach und sagte: »Das werde ich euch verkünden, wenn
ich mit meiner Frau geredet habe.«

Und er ging zu seiner Frau und sagte: »Der Turm ist viel zu niedrig.«

Die Frau lachte und sagte: »Ganz einfach: Es sind eben zu wenig Kornspeicher. Man muß alle Kornspeicher aus dem ganzen Land zusammensuchen, dann wird es vielleicht reichen.«

Da kehrte der König zu seinen Leuten zurück und sagte: »Ganz einfach: Ihr müßt alle Kornspeicher überall im Land einsammeln, dann wird es vielleicht reichen.«

Die Leute freuten sich, sammelten alle Kornspeicher im ganzen Land ein und trugen sie zusammen. Als sie alle beieinander hatten, stellten sie vorsichtig Kornspeicher auf Kornspeicher, und der Turm wurde höher und höher, bis er wirklich an die Wolken reichte.

Nun sagten die Leute zum König: »Der Turm steht und reicht bis an die Wolken. Was sollen wir jetzt tun?«

Der König wiegte den Kopf hin und her, dachte lange nach und sagte: »Das werde ich euch wissen lassen, wenn ich mit meiner Frau geredet habe.«

Und er ging zu seiner Frau und sagte: »Der Turm steht und reicht bis an die Wolken. Was sollen meine Leute nun tun?«

Die Frau lachte und sagte: »Ganz einfach: Der leichteste von deinen Männern soll hochklettern, den Kopf durch die Wolken stecken und nachgucken, wie es da oben aussieht. Dann soll er herunterklettern und es allen erzählen.«

Da kehrte der König zu seinen Leuten zurück und befahl dem Leichtesten, hinaufzuklettern und nachzusehen, was über den Wolken sei.

Der stieg hinauf, kam aber bald wieder zurück und sagte: »Der Turm ist ein kleines Stückchen zu niedrig. Mein Kopf steckte noch in den Wolken, als ich oben stand. Wenn wir nur noch einen einzigen Kornspeicher obendrauf stellten, könnte ich bestimmt über die Wolken gucken!«

Die Leute suchten überall nach einem Kornspeicher. Aber es waren wirklich alle eingesammelt, es fand sich kein einziger mehr. So gingen die Leute zum König und sagten: »Frag doch mal deine Frau, was wir jetzt machen sollen!«

»Meine Frau?« sagte der König. »Ihr braucht gar nicht nach meiner Frau zu rufen, denn ich, euer König, habe selbst eine gute Idee: Ihr nehmt einfach den untersten Kornspeicher weg und stellt ihn als letzten obendrauf!«

Das taten die Leute.

Da stürzte der Turm mit solch einem Getöse zusammen, daß die Leute vor Schreck ihre Sprache vergaßen. Und seitdem reden die Menschen in verschiedenen Sprachen.

Wie der Turm
ins Schachspiel kam

Das Kennzeichen eines Turmes ist es, daß er fest und unverrückbar auf dem Platz steht, wo man ihn gebaut hat. Je unbeweglicher, desto besser.

Ganz anders der Turm im Schachspiel.

Der *Bauer* kann nach den Schachregeln ein Feld vorrücken oder zwei, ist also recht unbeweglich. Der *Springer* hat die Auswahl unter acht möglichen Feldern, wenn er nicht am Rand, sondern in der Mitte des Spielfelds steht, genauso wie der *König*. Der *Läufer* kann dreizehn Felder erreichen, der *Turm* immerhin vierzehn. Damit wird er (das Sinnbild der Standfestigkeit!) nur noch von der *Dame* an Beweglichkeit übertroffen. Eigentlich nicht sehr logisch!

Und in der Tat: Daß wir die Figuren auf den Eckfeldern heute als *Turm* bezeichnen und auch so darstellen, beruht auf einem Mißverständnis. Eigentlich haben wir es nämlich mit einem Kampfwagen zu tun.

Wer das Schachspiel erfunden hat, ist nicht mehr festzustellen. Es gibt viele Geschichten und Legenden um die Entstehung des Spiels, aber keine ist historisch verbürgt. Sicher ist nur, daß man zuerst in Indien Schach spielte. Damals war die Eckfigur, der heutige *Turm*, noch ein Kampfwagen.

Um 600 v. Chr. lernten die Perser das Schachspiel von den Indern. Sie übernahmen die indischen Figuren, gaben ihnen aber persische Namen. »König« heißt auf

Der *Turm* in einem Elfenbeinschachspiel aus Unteritalien um 1090, hier noch deutlich als Kampfwagen zu erkennen.

persisch »Schah«. Da man das Spiel als Königs-Spiel oder, bis in unsere Tage, als das königliche Spiel bezeichnet, hieß es in Persien das »Schah-Spiel«. So ist unser deutsches Wort »Schach-Spiel« entstanden.

Den Kriegswagen nannten die Perser »Rukh«.

Von den Persern wurde das Spiel später an die Araber weitergegeben. Die übernahmen mit dem Spiel nicht nur den persischen Kampfwagen, sondern auch den persischen Namen für diese Spielfigur.

Das war allerdings in einer Zeit, als der Islam gerade Staatsreligion wurde. Und im heiligen Buch des Islam, im Koran, steht, daß der gläubige Moslem keinerlei Bildwerk herstellen soll, weder von Menschen noch von Dingen.

Bis dahin waren die Schachfiguren aber kleine, kunstvolle Bildwerke gewesen. Der *König* etwa sah wie das verkleinerte, in Elfenbein geschnitzte Abbild des lebenden Schah aus, mit prächtigen Gewändern, reich verziertem Turban, mit Zepter und Schwert. Der *Kampfwagen* war mit zwei Bogenschützen bestückt und wurde von Pferden gezogen.

Jetzt also verbot die Religion das Herstellen solcher Bildwerke und den Umgang mit ihnen. Wenn die Araber ihr geliebtes Schachspiel beibehalten wollten, mußten sie einen Ausweg finden.

Und den fanden sie: Sie veränderten das Aussehen der Figuren. Sie machten aus den Schachfiguren Symbole, abstrakte Formen, die zwar nach den gleichen Regeln gezogen wurden wie vorher auch, die ihre Namen beibehielten, sonst aber keine Ähnlichkeit mit ihren Vorläufern hatten.

Der *König* war nun kein verkleinerter Schah mehr, sondern eine kleine Säule mit Wulsten und Einschnürungen an bestimmten Stellen.

Dre Figuren aus einem arabischen Schachspiel.

Oben links: König.

Oben rechts: Bauer.

Unten: Rukh.

Linke Seite: Verschiedene Turmformen aus mittelalterlichen und neuzeitlichen Schachspielen.

Ein *Bauer* hatte entsprechend weniger Ausbuchtungen. (Wie man leicht erkennt, wurden damals die Grundformen festgelegt, die heute noch gebräuchlich sind.)

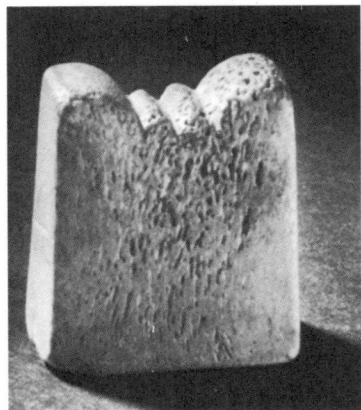

Den *Rukh* erkannte man an drei Einkerbungen auf der Oberseite.

Um das Jahr 700 eroberten die Araber Spanien. Sie bauten dort ihre Moscheen und maurischen Paläste und spielten Schach, wie sie es von zu Hause gewohnt waren.

In der Folgezeit kamen immer häufiger die Europäer, die christlichen Ritter, mit den Arabern in Spanien in Kontakt. Manchmal herrschte Krieg zwischen Christen und Mohammedanern. Es gab aber auch lange Zeiträume, wo man sich wohlwollend gegenüberstand. Die christlichen Ritter konnten von den Arabern durchaus etwas lernen. Zum Beispiel die arabischen Zahlen (mit denen wir noch immer rechnen) und das Schachspiel.

Als die Europäer nach der Bedeutung der Eckfiguren fragten, erklärte man ihnen, das sei der »Rukh«. Die Ritter, die mit dem Wort nichts anfangen konnten, deuteten den *Rukh* nach seiner äußeren Form: Die Einkerbungen hielten sie für Turmzinnen, also machten sie die Figur zu einem Turm.

Interessanterweise wird in England immer noch das alte persische Wort dafür benutzt. Im Englischen heißt unser *Turm* nicht etwa »Tower«, was die wörtliche Übersetzung wäre, sondern »Rook«.

Links: Turm aus Knochen, um 1070, Niederrhein.

Rechts: Elfenbeinturm aus Frankreich, 12. Jahrhundert. Die Herkunft von der Rukh-Form ist noch deutlich zu erkennen.

Für Schachfreunde:

Ein TURM-Endspiel,
zum Nachspielen.

Weiß am Zug gewinnt.
Schwarz am Zug hält Remis.

Turm, Bauer und König aus einem
mittelalterlichen Schachspiel.

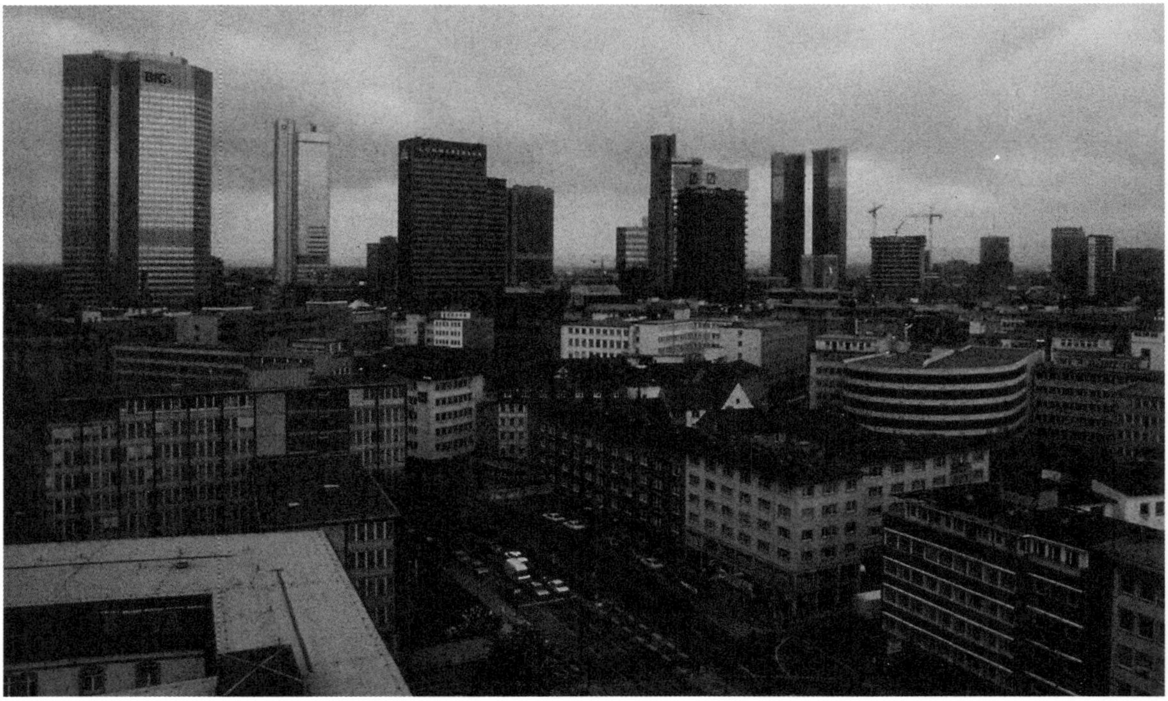

BAMBERGA
MONS MONACHORUM

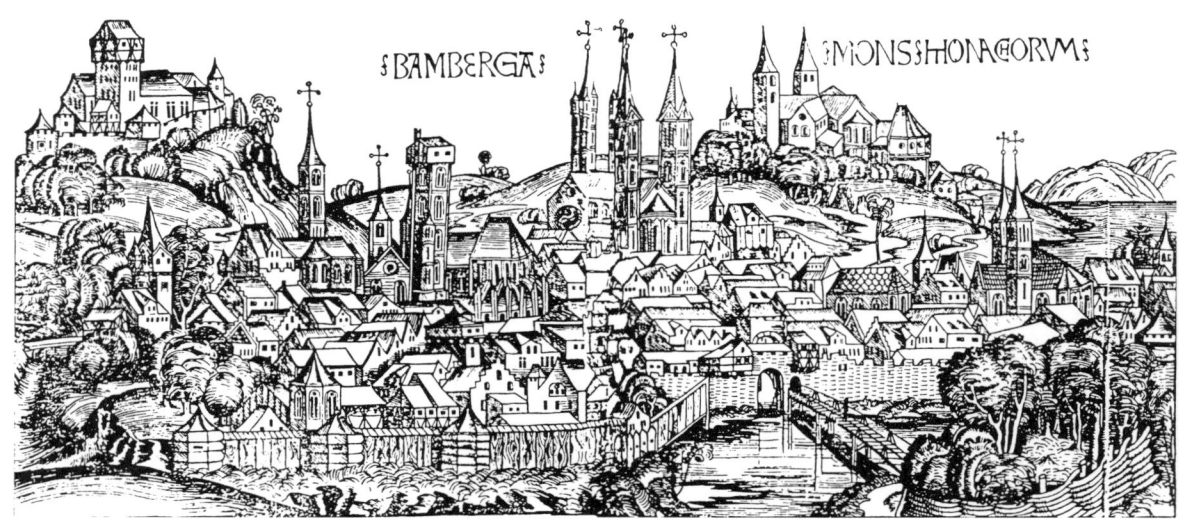

Herr Turm höchstpersönlich

Die meisten Großstädte sehen heutzutage so aus:
Im Stadtkern, der sogenannten City, ragen aus der Masse
der vier- bis fünfstöckigen Geschäftshäuser ein gutes Dutzend auffallend hoher Bürohochhäuser auf, meist sachlich gebaut, ohne Verzierungen, mit immer gleichen Fen-
sterviereecken übereinander. Sie sind austauschbar und
aus der Ferne meist nur durch ihren Standort voneinander zu unterscheiden. Die alten Stadt- und Kirchtürme
verlieren sich darunter und fallen kaum noch auf. Man
muß genau hinsehen, um sie überhaupt zu erkennen.
So sahen die Städte früher aus:
Aus der Masse der roten, ziegelgedeckten Bürgerhäuser
reckten sich ein halbes Dutzend Türme und Doppeltürme
empor, jeder Turm unverwechselbar gestaltet. Schlank
oder gedrungen, rund, viereckig oder achteckig, mit run-
der oder spitzer Turmhaube, mit großen oder kleinen,
rundbogigen,   spitzbogigen   Fenstern,   manchmal
schmucklos, zuweilen reich verziert, aus grauem oder
rotem Sandstein gemauert, aus dunklem Granit oder röt-
lichen Ziegelsteinen.
Kein Wunder, daß man früher zu besonders auffallenden
Türmen ein ganz persönliches, geradezu freundschaftli-
ches Verhältnis hatte. Fast so, als wären sie Menschen
und keine Bauwerke.
In alten Briefen und Berichten können wir von Reisenden
lesen, die vor Freude in Tränen ausbrachen, wenn sie bei
der Rückkehr von einer langwierigen Reise endlich die
unverwechselbaren Umrisse eines Turmes ihrer Vater-

Links: Die Skyline von Frankfurt
(oben)
Bamberg im 15. Jahrhundert
(untən).

Von links:
Der »Alte Steffel«, Turm des Stephansdoms in Wien.

Der Hamburger »Michel«, um 1900.

Der »Daniel« in Nördlingen um 1930.

Auf einer alten Ansichtskarte: »Tour Saint-Jacques«, der »Alte Jacques«.

stadt am Horizont auftauchen sahen. Solche Türme, bei
deren Anblick man schon mal weinte, hatten selbstverständlich einen Namen. Man redete von ihnen nicht als
vom »Turm der Stadtpfarrkirche« oder vom »Turm der
St. Josefskirche«. So unpersönlich spricht man keinen
Freund an. Die Türme hießen (und heißen heute noch)
»der Alte Steffel« (Wien), »der Michel« (Hamburg), »der
Daniel« (Nördlingen), »der Riese« (Schüttdorf), »der
Lange Jan« (Middelburg), »der Alte Peter« (München),

Gesichterturm von Angkor Thom
(Kambodscha).

Rechts: Einer der größten Stupas im
Zentraltal von Nepal.

»der Lange Andreas« (Hildesheim) oder der »Big Ben«, der große Ben, in London.

Die Gleichsetzung von Mensch und Turm geht noch weiter. In unzähligen Stadtbeschreibungen und sogar in Kunstgeschichtsbüchern ist vom Turm als »steinernem Recken«, als »riesigem Gesellen« oder als »Wächter der Stadt« die Rede. Man beschreibt seinen »gewaltigen Leib«, bezeichnet seine Haube als Zipfelmütze, spricht von den Fenstern als den Augen des Turms und begreift die Glocke als seine Stimme, die weithin zu hören ist.

Während bei uns diese Gleichsetzung mehr unbewußt stattfindet, drückt sie sich in anderen Kulturkreisen am Bauwerk selbst aus, ganz unverborgen und offensichtlich.

In Nepal gucken die Türme den Betrachter mit großen, aufgemalten Augen an. In Kambodscha haben sie nicht nur Augen, sondern sogar Gesichter.

Der Fahnenschwinger auf dem Alten Steffel

Zum Einzug des neuen Kaisers Leopold I. in Wien im Jahre 1658 dachten sich die Stadtväter eine besondere Überraschung aus: Sie suchten nach einem Mann, der es wagte, freistehend auf der höchsten Spitze des Stefansturmes eine Fahne zu schwenken. Schließlich fand sich der Gärtner Gabriel Salzberger dazu bereit. Kurz vor dem festlichen Ereignis wurde er von vielen Helfern hinausgehoben, man stellte eine lange Leiter an, und er stieg vom Endpunkt der Treppe aus hinauf zur Turmspitze, die Fahne in der Hand. Anschließend zog man die Leiter wieder ein. Als der Kaiser unten vorbeiritt, stand der mutige (und wohl schwindelfreie) Mann auf dem schmalen Turmknopf in 135 m Höhe und schwenkte mit beiden Händen die Fahne.

Leider vergaß man ihn bei dem anschließenden festlichen Treiben. Seine Rufe blieben ungehört, und er mußte die ganze Nacht auf der Turmspitze verbringen, bis man sich am nächsten Morgen seiner erinnerte. Es wird berichtet, daß seine Haare über Nacht grau geworden waren.

Für den ausgestandenen Schreck zahlte ihm die Stadt 12 Taler statt der vereinbarten 10. (Eine Mark war damals 14 Taler wert).

Aus dem »Deutschen Sprichwörter-Lexikon« von 1876

Auch die größten Türme haben kleine Anfänge.

Große Türme sieht man bald.

Hohe Türme fallen besonders hart.

Wenn der Turm niedergeworfen ist, so läuft jedermann hin.

Wer beim Turm wohnt, muß sich auch das Läuten gefallen lassen.

Wer einem einfallenden Turm will helfen, wird darunter erschlagen.

Wer einen Turm bauen will, soll erst die Kosten berechnen.

Große Türme mißt man nach ihrem Schatten, große Menschen nach ihren Neidern.

Je höher ein Turm, desto näher beim Wetter.

Vor alten Türmen soll man sich neigen.

Kirchtürme

Es gibt in Deutschland keine Stadt und kaum ein Dorf, in dem keine Kirche steht. Und da fast jede Kirche einen Turm hat, manche sogar vier, fünf oder sechs, kann man annehmen, daß es hier kaum ein Kind gibt, das noch nie einen Kirchturm gesehen hat. (Man zählt übrigens allein in der Bundesrepublik mehr als 25 000 Kirchtürme.) »Turm« und »Kirche« gehören so selbstverständlich zusammen, daß sich die meisten zuerst einen Kirchturm vorstellen, wenn von Türmen allgemein die Rede ist.

Aber nicht immer haben die christlichen Kirchen Türme gehabt. Es hat sechs- bis siebenhundert Jahre gedauert, bis die ersten Kirchtürme entstanden. Sie wurden jenseits der Alpen, in Italien, gebaut und sahen eigentlich nicht so aus, wie wir uns im Norden »richtige Kirchtürme« vorstellen. Sie waren nämlich nicht mit der Kirche verbunden, sondern standen in einiger Entfernung davon. Es waren Glockentürme, italienisch *Campanile* genannt.

In der Frühzeit des Christentums probierte man verschiedene Möglichkeiten aus, wie man der Gemeinde den Beginn des Gottesdienstes ankündigen könne. Es gab damals ja noch keine Uhren, und der Pfarrer konnte nicht einfach sagen: »Wir treffen uns alle am Sonntag um 9 Uhr in der Kirche!«

In der ersten Zeit rief man buchstäblich nach den Gläubigen, meist von einem erhöhten Standpunkt aus, etwa vom Dach eines Hauses. Später versuchte man es mit einer großen Trommel, dann, indem man auf ein flaches

Links: Florenz: Der Campanile, der Glockenturm des Doms, entworfen von Giotto.

Stück Holz hämmerte. Um das Jahr 500 herum fing man schließlich an, mit Glocken zu läuten. Diese Sitte kam in einigen nordafrikanischen Klöstern auf und setzte sich schnell durch, auch in Europa. Glocken waren überall gut zu hören und klangen darüber hinaus auch noch angenehmer als das Hämmern auf Holzplatten.

Anfangs hängte man die Glocken an einem Holzgerüst neben der Kirche auf. Da aber das Läuten besser zu hören ist, wenn die Glocken möglichst hoch hängen, fing man an, eigene Türme für sie zu errichten. So entstand der Campanile.

Der älteste erhaltene steht in Ravenna. Ein Rundturm aus dem 6. Jahrhundert, mit vielen Fensteröffnungen im oberen Teil (damit man das Läuten gut hören kann).

Die Basilika San Apollinare Nuovo in Ravenna mit dem ältesten erhaltenen Glockenturm.

Rechts: Der Campanile auf dem Markusplatz in Venedig, vom Canal Grande aus gesehen.

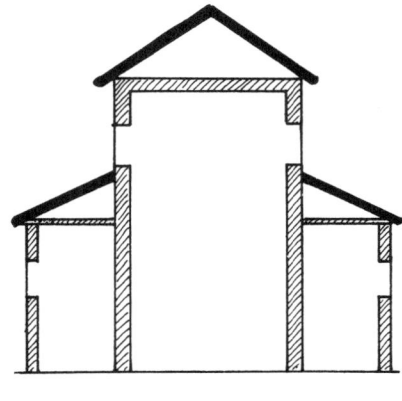

Querschnitt

SEITENSCHIFF   HAUPTSCHIFF

Grundriß

In Italien ist dieser freistehende Kirchturm immer in Mode geblieben. Als Beispiel dafür kann man drei berühmte Glockentürme anführen: Den Campanile neben dem Dom zu Pisa (der bekannte »Schiefe Turm zu Pisa«), den Campanile des Domes zu Florenz und den auf dem Markusplatz in Venedig, den die meisten deutschen Touristen – an heimische Kirchen gewöhnt – gar nicht als Kirchturm erkennen und für einen Aussichtsturm halten, weil er so weit entfernt von »seiner« Kirche, der Markuskirche, steht.

Das, woran wir nördlich der Alpen denken, wenn wir von einem Kirchturm sprechen, also der fest mit der Kirche verbundene Turm, entstand erst ein paar Jahrhunderte später, im Reich Karls des Großen, das von der spanischen Grenze bis an die Elbe reichte. Zwei Turmformen bildeten sich damals nebeneinander heraus: Der *Vierungsturm* und der *Westbau*.

Um erklären zu können, was man darunter versteht, muß ich erst – ganz knapp – ein paar Fachausdrücke erläutern. (Damit man sich nicht, wenn jetzt öfter vom »Kirchenschiff« die Rede ist, Dampfer oder Segelschiffe vorstellt.) Die mittelalterlichen Kirchen waren »geostet«, wie man sagt. Es gab eine religiöse Vorschrift (die oft heute noch befolgt wird), daß der Priester beim Gebet der aufgehenden Sonne zugewandt sein sollte. Folglich waren die Kirchen von Westen nach Osten ausgerichtet. Im Westen lag der Eingang, im Osten (in Richtung der Morgensonne) lag der Altar. Die frühen Kirchen waren in der Regel längsrechteckig und bestanden aus einem höheren Mittelbau mit zwei niedrigen, durch Säulenreihen getrennten Seitenbauten links und rechts daneben. Den hohen Mittelbau nennt man das Mittelschiff, die Seitenbauten folglich Seitenschiffe.

Bald genügte der einfache Grundriß den Priestern und

Gläubigen nicht mehr. Die Kirche sollte in ihrer äußeren Form das Kreuz Christi nachbilden. So wurde aus der Rechteckform eine Kreuzform. Dabei durchdrangen sich jetzt der alte Längsbau und der neue Querbau, den man »Querschiff« nannte.

Wo sich der Längs- und der Querbau durchdrangen, entstand ein Quadrat (in der Zeichnung hier dunkel schraffiert), das sowohl zum Längsschiff als auch zum Querschiff gehört.

Dieses Quadrat nennt man die *Vierung.* Die Vierung betonte man innen in der Kirche, indem man besonders dicke, massige Pfeiler an die Ecken stellte, und außen, indem man sie mit einem Turm bekrönte, dem *Vierungsturm.*

Er war zur Zeit Karls des Großen, im 9. Jahrhundert, besonders im Westen des Frankenreichs beliebt. Dort, im heutigen Frankreich, hat sich diese Bauweise auch später erhalten. Das Foto auf der nächsten Seite zeigt einen besonders prächtigen Vierungsturm, den sechsstöckigen Achteckturm der Kirche St. Sernin in Toulouse. Er ist erst um 1100 entstanden, aber die ersten, heute nicht mehr erhaltenen Vierungstürme scheinen dem hier gezeigten recht ähnlich gewesen zu sein. Aus Nantes ist ein Festgedicht des 7. Jahrhunderts erhalten geblieben, in dem berichtet wird, daß ein Bischof Felix die neue Kirche St. Peter und Paul einweihte. Darin heißt es: »In der Mitte steigt ein spitzer hoher Turm über die Dächer auf... und steigt, zur Verwunderung aller, Bogen über Bogen himmelan.«

Die Beschreibung würde auch auf den Turm von St. Sernin in Toulouse zutreffen.

Im Osten, dem heutigen Deutschland, hatte man mit dem Vierungsturm wenig im Sinn. Hier setzten sich sehr schnell die Doppeltürme am Westende der Kirche durch.

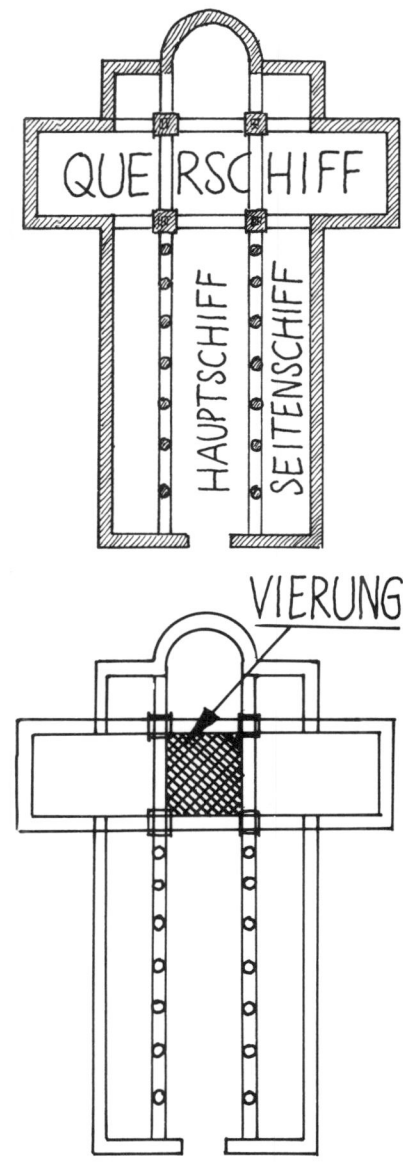

Der prächtige achteckige Vierungsturm von St. Sernin in Toulouse,
erbaut um 1100.

Karl der Große war ein recht selbstbewußter Kaiser und
wollte von Anfang an keine Zweifel daran aufkommen
lassen, daß der Kaiser dem Bischof an Rang und Würden
überlegen war.

Der Osten der Kirche wurde dem Bischof zugeordnet.
Dort stand im halbrunden Anbau (der sogenannten
»Apsis«) der Thron, auf dem er saß, während einer der
Priester die Messe las.

Also ließ sich Karl der Große in seiner Palastkirche in
Aachen auch einen Thron bauen. Der stand auf einer

Empore über dem Eingang, im Westen also, dem Bischofsthron genau gegenüber. Der Kaiser konnte während des Gottesdienstes auf den Bischof herabsehen, und der mußte zu ihm aufschauen.

Nicht genug damit: Man sollte der Kirche auch von außen ansehen, daß der Westteil, wo der Kaiser thronte, der wichtigste des ganzen Bauwerks war. So ließ Karl der Große den Westteil der Kirche, den Westbau, höher aufführen als die übrige Kirche. Einen solchen betonten Westbau findet man bei vielen deutschen und niederländischen Kirchen. Er steigt massig und wuchtig in die Höhe, über das Kirchenschiff hinaus, und läßt die Kirchen wie Burgen aussehen. Manchmal wird er von einem kleinen Türmchen bekrönt, manchmal von zwei Treppentürmen links und rechts eingerahmt. Diese Türme ragen aber kaum über den gesamten Bau hinaus, sind eher ein Teil des Westbaus.

In Maastricht zum Beispiel wirkt der mächtige Westbau wie ein vergrößerter Kaiserthron. Der Boden ist die Sitzfläche, die hohe Mauer die Rückenlehne, die beiden Rundtürme links und rechts bilden die Pfosten *(Abb. auf der übernächsten Seite)*.

Mit der Zeit wuchsen die Thronpfosten. Von Kirche zu Kirche wurde die »Lehne« niedriger. Bald kann man nicht mehr vom Westbau sprechen, sondern von Westtürmen. Nun hat sich die *Doppelturmkirche* herausgebildet. Sie ist uns so vertraut, daß es genügt, ein einziges Beispiel zu zeigen, den Dom zu Halberstadt.

In den Jahrhunderten nach dem Tod Karls des Großen wuchs die Macht der Päpste, während die Macht der Könige und Kaiser schrumpfte. Ein Blick ins Jahr 1076 soll die Machtkämpfe der damaligen Zeit anschaulich machen: Erst erklärt der König, Heinrich IV., den Papst für abgesetzt. Der denkt nicht daran, sich absetzen zu

Oben: Westfassade des Hildesheimer Doms.

Rechts: Westbau des Doms zu Gandersheim.

Rechte Seite

Oben: Die frühromanischen West-türme der Kirche »Onze lieve Vrouwe« in Maastricht.

Oben rechts: Der frühgotische Dom von Halberstadt.

Unten: Der Bamberger Dom. Stahlstich von 1837.

lassen, und erklärt seinerseits den König für abgesetzt und belegt ihn mit dem Kirchenbann. Ein Jahr lang steht es unentschieden. Dann muß der König klein beigeben. Er bittet den Papst, den Bann wieder zu lösen. Aber Papst Gregor VII. stellt Bedingungen: Der König soll zu ihm nach Canossa kommen, drei Tage lang Buße tun, dann darf er demütig und barfuß vor ihn hintreten und ihn um Lösung vom Kirchenbann bitten. Das tut der König, und die deutschen Fürsten sind darüber so aufgebracht, daß nun sie den König für abgesetzt erklären und einen Gegenkönig ernennen, Rudolf von Schwaben.

Was das mit Türmen zu tun hat?

Es ist bestimmt kein Zufall, daß man nun, in dieser Zeit der wachsenden Macht der Päpste, den beiden Westtürmen zwei Osttürme gegenübersetzt! Ein Blick auf den Bamberger Dom (S. 81) mag das verdeutlichen: Aus der Doppelturmfassade ist jetzt eine Vierturmfassade geworden, der Thron des Bischofs ist genauso mit Türmen flankiert wie der des Kaisers. West- und Osttürme, Kaiser und Papst, stehen sich nun gleichberechtigt gegenüber.

Bericht eines Zeitgenossen:
Warum es manchmal
lebensgefährlich war, an
hohen Festtagen die Kirche
zu besuchen

War bisher die Rede davon, wo man früher welche Kirchen und Türme baute, soll nun ein bißchen erzählt werden, wie man das tat und aus welchen Beweggründen.

Aus dem 12. Jahrhundert ist ein recht anschaulicher Bericht erhalten geblieben, den ein französischer Kirchenmann namens Suger schrieb.

Suger war Abt der berühmten Klosterkirche von Saint Denis. Der Ruhm eines Gotteshauses hing im Mittelalter weniger von dessen Schönheit ab, als von der Zahl der Reliquien, die dort aufbewahrt wurden.

(Für Nichtkatholiken: Reliquien, so sagt das Lexikon, sind »Körperstücke von Heiligen oder Gegenstände, die einmal heiligen Personen gehörten«.)

Da Reliquien sehr begehrt waren, hatte sich bald ein lebhafter Handel mit den Überresten heiliger Personen entwickelt. Viele Kirchen in Frankreich, Italien und Deutschland hatten die Dornenkrone Christi für viel Geld von orientalischen Händlern gekauft, und die Nägel vom Kreuz Christi gehörten in mehr als hundert Gotteshäusern zum sorgsam gehüteten Kirchenschatz.

Die Abteikirche von Saint Denis übertraf alle: Dort wurden an hohen Festtagen nicht nur die Dornenkrone und alle drei Nägel vom Kreuz Christi ausgestellt, sondern auch ein Arm des heiligen Simeon.

Kein Wunder, daß an diesen Feiertagen ein unbeschreiblicher Andrang herrschte. Abt Suger schreibt, daß es keinen Festtag gab, an dem nicht Tausende von Gläubigen die Reliquien sehen und küssen wollten. Da die Kirche aber nur einige hundert Menschen faßte, kam es regelmäßig zu einem heillosen Wirrwarr, bei dem viele Menschen starben und noch mehr verletzt wurden.

Tausende versuchten beharrlich, in die überfüllte Kirche zu kommen. Die weiter hinten Stehenden schoben die vorne Stehenden vor sich her, auf den Eingang der Kirche zu.

Die Menschen, die in der Kirche ihre Andacht beendet hatten und das Gebäude wieder verlassen wollten, sahen sich einer dichten, drängenden Menschenmasse gegenüber, die ein Entweichen unmöglich machte. Niemand wollte nachgeben, keiner zurückweichen. Abt Suger schreibt, daß »jeder in der nach Tausenden zählenden Menge so eingekeilt war, daß keiner auch nur den Fuß rühren konnte«. So standen sie stundenlang da, manchmal den ganzen Feiertag, »wie in Steine verwandelt, und wunderten sich, daß sie überhaupt noch schreien konnten«.

Besonders gefährlich war dieses Gedränge für die körperlich Kleineren, für Frauen und noch mehr für Kinder. »Eingekeilt zwischen starken Männern wie in einer Presse, wurden sie in Todesangst ohnmächtig oder schrien schrecklich.«

Einige wurden gerettet: Von entschlossenen Männern über die Köpfe der Leute emporgehoben, »schritten sie über die Häupter der Menge wie über einen gepflasterten Fußboden«.

Aber bei weitem nicht alle wurden auf diese Weise aus der Enge befreit, viele wurden dabei zu Tode gedrückt.

Selbst die Klosterbrüder, die in der Kirche den Gläubigen

die Reliquien zeigten, bekamen es mit der Angst zu tun
»und entflohen vielfach mit ihren Heiligtümern durch
die Fenster«. So ist es nicht verwunderlich, daß Abt
Suger beschloß, die Kirche zu erweitern, um Platz für viel
mehr Menschen zu schaffen. Und da die alten Türme
»weder hoch noch stattlich« waren, sollten an ihrer
Stelle zwei neue, höhere errichtet werden.
Für dieses Vorhaben brauchte man große, feste Steine
und dicke Balken. Beides schien in der Gegend um Saint
Denis nicht vorhanden zu sein.
Der Abt hatte sich schon entschlossen, die Steine mit
Schiffen aus Rom herbeischaffen zu lassen, da entdeckte
man zufällig in einem Tal nahe der Kirche einen ergiebi-
gen Steinbruch.
Hunderte von Freiwilligen halfen nun, die riesigen Stein-
quader und Steinsäulen abzubauen, an vielfach verkno-
teten Seilen aus dem Tal zu ziehen und zum Bauplatz zu
schaffen.
Die Steine wurden auf Rollen gehoben und an dicken
Stricken vorwärtsgezogen. Pferde oder andere Zugtiere
gab es nicht; die Bauern der Gegend waren arm und
besaßen höchstens eine Ziege. So mußten die schweren
Steine von Menschen bewegt werden, die »ihre Leiber,
Ober- und Unterarme mit Stricken umschnürt hatten und
schufteten wie Zugtiere«.
Als die Türme und der Kirchenbau endlich hochgemau-
ert waren, mußte sich der Abt auf die Suche nach geeigne-
ten Balken für das Dach machen. Alle Zimmerleute, die
er befragte, erklärten ihm, »daß solche in dieser Gegend
wegen des Mangels an großen Wäldern nicht zu finden
seien.«
Aber Abt Suger, fest entschlossen, den Bau zu Ende zu
führen, gab nicht auf. Er schreibt: »Ich holte alle Förster
herbei und alle, die in den Wäldern Bescheid wußten,

und fragte sie bei ihrem Eid, ob wir nicht irgendwo Stämme von der benötigten Größe finden könnten.« Aber alle hielten das für unmöglich. Sehr anschaulich schildert er die Reaktion der Befragten: »Sie grinsten verwundert und hätten am liebsten laut gelacht: Ob wir denn gar nicht wüßten, daß in der ganzen Gegend nichts Derartiges zu finden sei!«

Trotz dieser niederschmetternden Antwort durchstreifte der Abt mit ein paar Zimmerleuten unverdrossen die Wälder. Schon nach ein paar Stunden fand er einen Stamm, der dick genug war. »Und weiter? Bis zur neunten Stunde oder noch eher fanden wir inmitten des dunklen Gebüschs und Dornengestrüpps zum Erstaunen aller zwölf Stämme – so viele waren nämlich erforderlich. Sie wurden unter Jubel zur Kirche getragen, die so durch ihre Bedachung vollendet wurde.«

Am 11. Juli 1144, genau vier Jahre nach Baubeginn, wurde die neue Kirche eingeweiht. Sie war der Schöpfungsbau eines neuen Baustils, die erste gotische Kirche überhaupt.

Alle Kirchen, von denen bisher die Rede war, gehörten einer Zeit an, die man in der Kunstgeschichte »Romanik« nennt.

Den darauffolgenden Baustil nennt man »Gotik«; alle besonders hohen, berühmten Kirchen des späten Mittelalters sind gotische Kirchen.

Da dies eine Turm- und keine Kunstgeschichte sein soll, mögen ein paar wenige Stichworte zum neuen Baustil genügen:

In der Romanik trugen die Außenmauern die Last des schweren Dachstuhls. Deshalb waren die Mauern sehr dick und die wenigen Fenster relativ klein.

In der Gotik erfand man eine neue Bautechnik, die Skelettbauweise. Wie das Knochenskelett allein den Menschen aufrecht erhält (und nicht das Drumherum), so trägt bei gotischen Kirchen ein Gerippe aus steinernen Stützpfeilern die ganze Last des Gebäudes. Das Mauerwerk dazwischen schützt nur vor Wind und Wetter. Theoretisch könnten die Wände sogar aus Glas bestehen, die Kirche würde trotzdem nicht einfallen. (In der Gotik schuf man auch die großen, farbigen Glasfenster. Das kreisrunde Fenster über dem Eingang des Straßburger Münsters hat zum Beispiel einen Durchmesser von 14 Metern, das entspricht der Höhe eines vierstöckigen Hauses.)

Herrschte in der Romanik der Rundbogen vor (beim Gewölbe und bei den Fenstern), so ist es in der Gotik der Spitzbogen.

Bei der gotischen Kirche ist die Senkrechte stark betont, Hunderte von kleinen Türmchen, Verzierungen und Mauervorsprüngen sollen den Blick nach oben lenken. Das gilt besonders für die Fassade, die Schauseite der gotischen Kirche.

Da jetzt die Türme in die Fassade miteinbezogen werden

Die Kirchen der Gotik

Wandgliederung der Romanik.

Wandgliederung der Gotik.

(man kann schwer entscheiden, wo die Fassade aufhört und der Turm beginnt), spricht man von Fassadentürmen.

Die meisten Kirchen haben zwei. Sie stehen links und rechts an der Eingangsseite, im Westen also. In der Spätzeit der Gotik wurden in Deutschland auch einige wenige Kirchen mit nur einem einzigen, riesigen Westturm gebaut.

Entstanden ist der gotische Stil in Frankreich. Dort wurde auch der erste Turm gebaut, der mehr als 100 m aufragte: Der Südturm der Kathedrale von Chartres ist 105 m hoch. Bald setzte quer durch Europa ein regelrechter Wettstreit um den höchsten Turm ein.

Die Domtürme von Lübeck (um 1300 gebaut) übertrafen den Turm von Chartres um zwei Meter.

Dann wurde, um 1340, der Turm des Freiburger Münsters mit 116 m fertig. Er konnte sich aber nur zehn Jahre lang rühmen, der höchste Turm der Welt zu sein. Der Turm in Salisbury (England) war 1350 vollendet und hatte 123 m Höhe.

Die Liste der höchsten Kirchtürme setzt sich dann so fort:

1433: Stephansturm in Wien (der »Alte Steffel«) mit 137 m

1439: Turm des Straßburger Münsters mit 142 m

1478: Turm der Marienkirche in Stralsund mit 151 m

1569: Vierungsturm der Kathedrale zu Beauvais mit 153 m.

Aber vier Jahre später stürzte der Turm von Beauvais ein, und der Turm von Stralsund hielt erneut den Höhenrekord. Bis zum Jahr 1647, da brannte der Stralsunder Turm ab. Und bis zum 19. Jahrhundert war wieder der Straßburger Münsterturm der höchste Kirchturm der Welt.

Die Frage nach dem höchsten Kirchturm bewegt nicht etwa nur die rekordsüchtigen Menschen des 20. Jahrhun-

derts. Bereits im Mittelalter war man sich der Höhe anderer Türme sehr bewußt und plante die eigenen so, daß sie alle anderen überragten. Man baute zwar in erster Linie zur Ehre Gottes, aber durchaus auch zum Ruhm der Stadt. Als zum Beispiel die Einwohner der Stadt Ulm beschlossen, ein großes Münster mit einer Einturmfassade zu bauen, war es für sie ganz wichtig, daß dieser Turm höher sein müßte als der Straßburger Münsterturm. Sie beauftragten den Baumeister Ensinger, ihnen ein Münster zu

Links: Das Straßburger Münster, eine alte Postkarte.

Rechts: Das Ulmer Münster, eine Aufnahme von 1900. Der hohe Turm wurde erst im 19. Jahrhundert gebaut.

bauen, so riesig, »daß es dem Straßburger Münster als Futteral dienen könne«.

In zahlreichen Verträgen zwischen reichen Städten und berühmten Baumeistern zeigt sich dieses Konkurrenzdenken: Fast immer mußte der Baumeister vor Baubeginn unterschreiben, daß er nach Beendigung seiner Bautätigkeit in keiner anderen Stadt ein ähnlich großes oder gar höheres Bauwerk bauen würde. Einige Baumeister waren allerdings so gefragt, daß sie solche Bedingungen ablehnen konnten und trotzdem den Auftrag bekamen. Überhaupt treten erst in der Gotik einzelne Baumeister (die gleichzeitig Architekten waren) ins Bewußtsein der Öffentlichkeit. Vorher gab es die Bauhütten, in der alle Maurer, Steinmetzen und Zimmerleute zusammengeschlossen waren, die am Bau der Kirche beteiligt waren. Dazu gehörte auch der Baumeister, der in früheren Verträgen meist gar nicht namentlich genannt wurde.

Jetzt nannte man überall die Namen von Erwin von Steinbach, Ulrich von Ensingen, Gerhard von Rile, Matthäus Böblinger, Peter Parler, alles vielgefragte Baumeisterpersönlichkeiten.

Kein Wunder, daß man sich bald wahre und erfundene Geschichten über sie und ihr unglaubliches Können erzählte. Meist ist darin vom Teufel die Rede, der den Baumeister in Versuchung führt, der verhindern will, daß der großartige Kirchenbau vollendet wird. Oder die Geschichte drückt den Neid, die Mißgunst aus, die zwischen einzelnen konkurrierenden Baumeistern herrschte. Zwei Baumeister-Sagen aus dem Mittelalter sollen hier kurz erzählt werden:

Der Teufel und der Dombau zu Köln

Als Meister Gerhard von Rile eines Tages in Köln hoch auf dem Baukran stand und den Bau des Domes überwachte, trat der Teufel in Gestalt eines fremden Baumeisters an ihn heran.

Die beiden kamen ins Gespräch. Meister Gerhard wunderte sich über die Kenntnisse des fremden Baumeisters, worauf der mit seiner Kunst allzu groß tat, was Meister Gerhard wiederum so in Ärger versetzte, daß er über den Fremden spöttelte.

Der tat beleidigt und bot Meister Gerhard folgende Wette an: »Ich wette mit dir«, sagte er, »daß ich einen Bach von Trier bis Köln unterirdisch herleiten kann. Und das mache ich, bevor du noch mit deinen Türmen fertig bist!«

Gerhard von Rile schlug ein, lachte und fragte, was die Wette gelten solle.

»Deine Seele«, sagte der Fremde. »Wenn auf diesem Bach Enten von Trier nach Köln schwimmen können, ehe deine Türme bis zur Spitze fertig sind, soll sie mir gehören!« Damit war er verschwunden.

Seitdem hatte Meister Gerhard, der wohl ahnte, mit wem er gewettet hatte, keine ruhige Minute mehr. Vom ersten Morgengrauen bis zum Sonnenuntergang war er auf dem Bau, trieb die Arbeit voran, spornte die Handwerker an.

Die Turmspitze des Kölner Doms
vom Gerüst aus betrachtet.
Foto von 1880.

Seine Frau fragte ihn oft, was ihn so besorgt und trübsinnig mache, aber er wollte nicht so recht mit der Sprache heraus. Aber eines Abends erzählte er ihr doch von der Wette.

»Ich werde aber gewinnen«, machte er sich Mut. »Denn das Wasser in einer unterirdischen Leitung kann nur fließen, wenn man alle Viertelstunde ein Luftloch läßt. Das weiß er bestimmt nicht!«

Zu dieser Zeit kam zur Frau, die tagsüber immer allein war, öfter ein fremder Herr ins Haus, der sich als Arzt ausgab. Er behauptete, alle Krankheiten des Leibes und der Seele heilen zu können. Die Frau, die sehr unter der Niedergeschlagenheit und den Grübeleien ihres Mannes litt und ihm gerne geholfen hätte, fragte den fremden Arzt um Rat. Der ließ sich alles genau berichten, auch von der Wette.

»Und dabei bräuchte mein Mann doch gar nicht so trübsinnig zu sein«, beklagte sie sich dabei. »Der Teufel weiß ja nicht, daß man alle Viertelstunde ein Luftloch lassen muß, damit das Wasser auch fließt!«

»Alle Viertelstunde ein Luftloch?« fragte der fremde Arzt interessiert, verabschiedete sich schnell, verschwand und kam nie mehr ins Haus.

Ein paar Monate später stieg Meister Gerhard wie immer im Morgengrauen auf den Kran, der oben auf dem Dach des Domes stand. Das erste, was er von oben sah, waren vier Enten, die schnatternd aus dem Bach aufflogen, den der Teufel in der Nacht zuvor bis zum Dom geleitet hatte. Da warf der Meister sein Werkzeug hin und stürzte sich voller Verzweiflung vom Turm. Der Teufel aber packte seine Seele und fuhr mit ihr zur Hölle.

Das ist der Grund, warum die Türme am Dom zu Köln nie fertiggebaut wurden.

Man erzählte sich auch, daß man des Teufels Bach unter

dem Dom fließen hören könne, wenn man das Ohr auf den Boden der Kirche lege.

Daß in alten Sagen häufig ein wahrer Kern steckt, entdeckte man im Jahr 1866, als man sich entschloß, die unvollendeten Türme doch noch zu Ende zu bauen: Bei den Arbeiten dazu stieß man unvermutet auf eine alte römische Wasserleitung. Sie durchzieht (unterirdisch) den ganzen Dom und endet unter dem südlichen Querschiff.

Der Dom zu Köln kurz vor seiner Fertigstellung. Das Foto entstand ebenfalls 1880.

Der Schauplatz der zweiten Sage ist Nürnberg, die bedeutendste deutsche Stadt im Spätmittelalter.
Erzählt wird vom Neid und von der Mißgunst der Baumeister:

Warum das oberste Fenster im linken Turm der Lorenzkirche zugemauert ist

Der linke Turm der Kirche St. Lorenz in Nürnberg heißt »der Alte«. Als dieser Turm gebaut wurde, arbeiteten zwei Meister daran. Diese beiden hatten zuvor einen dritten beim Rat der Stadt angeschwärzt, sein Können in Zweifel gezogen und hatten ihm so die Arbeit abgejagt.
Aber nicht genug damit. Sie waren auch aufeinander eifersüchtig, und einer neidete dem andern die Arbeit, ein jeder hätte den Turm gern allein zu Ende gebaut. So beschlossen beide, einander zu verderben. Dabei taten beide so, als wären sie sich überaus geneigt.
Das ging eine ganze Weile so.
Eines Tages mußten beide auf den Turm steigen, um oben etwas auszumessen. Als nun einer der beiden ans Fenster trat, um hinauszusehen, dachte der andere, die Gelegenheit sei günstig, und gab ihm einen Stoß, um ihn hinunterzustürzen. Der aber klammerte sich an ihm fest und riß ihn mit sich. So stürzten beide hinab und blieben zerschmettert unten liegen.
Weil es aber nur noch einen Baumeister in der Stadt gab, und zwar den, den die beiden verleumdet hatten, mußte der Rat der Stadt diesen darum bitten, den Bau weiterzuführen.
Der Baumeister konnte sich nun endlich rechtfertigen, erzählte, wie man ihn schlechtgemacht und ange-

schwärzt hatte, und der Rat entschied, daß er – da Gott
offensichtlich durch die Bestrafung der beiden Bösen ein
Zeichen gesetzt habe – auch ein Zeichen setzen dürfe am
Turm, zur Erinnerung an die Tat und seine Unschuld.
Aber der Baumeister sagte: »Das sei fern von mir. Ich will
vielmehr, daß man die Spur der bösen Tat verwische!«
Deshalb befahl er, daß man das Fenster zumaure, und
zugemauert ist es bis auf den heutigen Tag.

Der Stahlstich von der St. Lorenz-
Kirche zeigt deutlich das zuge-
mauerte Fenster im linken Turm.

Von all den vielen überhoch geplanten Domen der Gotik wurde eigentlich nur ein einziger genau so gebaut, wie ihn der Architekt entworfen hatte: das Freiburger Münster.

Das Straßburger Münster sollte nach dem Entwurf Erwin von Steinbachs eine Doppelturm-Fassade erhalten. Gebaut wurde es schließlich nur mit einem, dem linken Turm. *(Siehe S. 89)*

Das Ulmer Münster wurde auf einem Plan des Baumeisters Ulrich Ensinger von einem sehr hohen Turm überragt. Aber als man um 1600 aufhörte, daran zu bauen, hatte es nur einen Turmstummel. *(Siehe nächste Seite)*

Genauso war es in Regensburg. Von den geplanten Doppeltürmen stand keiner. Man begnügte sich mit einem flachen Notdach über den Turmansätzen. *(Siehe nächste Seite)*

Beim Kölner Dom schließlich hörte man einfach auf zu bauen, als einer der Türme halb fertig war und vom zweiten gerade die Grundmauern standen. Der Kran, der während der Bauarbeiten auf dem halb ausgeführten Kirchen-

Der Niedergang der Gotik und ihr später Triumph

Oben: Der halbfertige Dom zu Köln auf einem Holzschnitt um 1540. Deutlich sichtbar: Der Kran auf dem Turmstummel.

Links: Stahlstich von 1842. Der Kran steht unverändert auf dem unvollendeten Gebäude.

Linke Seite:
Westfront des Kölner Doms, Entwurf von 1248. (Hier auf einem Stahlstich aus dem Jahr 1845).

Links: Ulmer Münsterturm mit dem Notdach, Holzstich von 1834.

Rechts: Regensburger Dom, nach einem Stahlstich von 1837.

dach seine Dienste getan hatte, blieb vierhundert Jahre da oben stehen.

Die Gründe für das Ende der Bauarbeiten waren recht vielfältig. Manchen Städten ging schlicht das Geld aus. Der Turmbau hatte Hunderttausende gekostet, und die Bürger waren es leid, immer wieder Geld für den Dombau aufbringen zu müssen.

Eine gewisse Rolle spielte sicher auch die Reformation. Städte, die protestantisch geworden waren, verloren zuweilen das Interesse am »katholischen« Dom.

Und dann war der gotische Baustil einfach aus der Mode gekommen.

Vasari, ein italienischer Architekt, schreibt zum Beispiel

Der Regensburger Dom heute, vom Neumünsterturm aus gesehen.

Das Freiburger Münster vom Martinstor aus, auf einer alten Ansichtskarte.

um 1570 über den gotischen Stil: »Heutzutage ist dieser Stil (der gotische) nicht mehr in Übung, ja die bedeutenden Meister fliehen sein Beispiel als etwas Monströses und Barbarisches. Zahllose Werke dieser Bauart verseuchen die Welt. Bewahre Gott die Völker künftig vor solchen Ideen und Machwerken, die nicht verdienen, daß man länger von ihnen rede als hier schon geschehen!«
Kein Wunder, daß bei einer solchen Mißachtung des gotischen Stils niemand mehr Geld für die Vollendung gotischer Türme spenden wollte.
Und die so schön und hoch geplanten Kirchen standen nun halbfertig herum, dienten oft als Kasernen, als Pulvermagazine und sogar als Pferdeställe.
Es ist das Verdienst des großen Dichters Goethe, daß man um die Jahrhundertwende vom 18. zum 19. Jahrhundert die Gotik wieder neu sehen und schätzenlernte. Beeindruckt vom Straßburger Münster schrieb er den berühmten Aufsatz »Von deutscher Baukunst«, in dem er die

Kunst der Gotik verteidigt und sie als typisch deutsche Kunstform der (damals höher geschätzten) italienischen Kunst gleichwertig an die Seite stellt.

Man ließ sich von seiner Liebe zur Gotik derart anstekken, daß man im Lauf des letzten Jahrhunderts in einem wahren Begeisterungsrausch alle unfertigen gotischen Kirchen zu Ende baute.

Unsere bekanntesten und höchsten »gotischen« Kirchen sind alle im neunzehnten Jahrhundert vollendet worden: Der Dom zu Regensburg, das Ulmer Münster (mit 162 m Europas höchster Kirchturm) und der Kölner Dom (Turmhöhe 157 m).

Brüder oder Zwillinge

Als man im 19. Jahrhundert die Kirchtürme nach den vorhandenen Plänen im gotischen Stil zu Ende baute, achtete man streng darauf, daß bei Doppeltürmen beide Türme genau gleich waren, sich spiegelbildlich gegenüber standen, wie eineiige Zwillinge. Bei den Doppeltürmen, die bereits im Mittelalter, in der Zeit der Romanik zu Ende gebaut wurden, achtete man zwar auch auf Übereinstimmung. Aber man nahm es nicht ganz so genau. Es genügte, wenn die beiden Türme Brüder waren, sich stark ähnelten. Einer mußte nicht gerade das Spiegelbild des anderen sein, nicht sein Zwilling.

Manchmal ist der Unterschied zwischen den beiden Türmen augenfällig. Wenn etwa der eine viel niedriger ist als der andere. Das hat man zuweilen so gewollt, damit der Turmwächter, der auf dem höheren der beiden Türme Ausschau hielt, über den kleineren wegblicken und so alle vier Himmelsrichtungen beobachten konnte. Manchmal hat man nur Einzelheiten verändert: Ein Fenster, eine Brüstung, einen Dachreiter.

Links: Die Kathedrale von Antwerpen.

Rechts: Das Baseler Münster.

Rechte Seite: Westtürme des Doms zu Breslau.

Rechts oben: Krakau. Die Marienkirche vom Rathausturm aus.

Rechts unten: Die Karthause bei Regensburg.

Bei den drei Kirchen am Bildrand links und rechts ist der Unterschied zwischen beiden Türmen offensichtlich. Anders die beiden Kirchen in der Mitte: Hier braucht man mehr als einen flüchtigen Blick, um die Unterschiede herauszufinden.

Das Fräulein auf dem Turm

Wo die Lahn in den Rhein fließt, steht oben auf steilen Felsen die Burg Lahneck. Von dieser Burg erzählt man sich zwei Geschichten.

Die erste ist eine Sage aus dem Mittelalter, aus der Zeit, als die Burg noch bewohnt und unzerstört war. Was daran wahr, was erfunden ist, läßt sich nicht mehr nachprüfen.

Die zweite hat sich am Anfang des vorigen Jahrhunderts wirklich zugetragen. Da standen von den meisten Gebäuden der Burg nur noch die Grundmauern, die Umfassung war niedergebrochen, und Gras und Büsche wuchsen zwischen den am Boden verstreuten Steinquadern. Einzig der Bergfried, der hohe fünfeckige Turm, ragte noch in den Himmel wie seit vielen hundert Jahren.

Obwohl die zwei Geschichten zu so verschiedenen Zeiten spielen, hängen sie doch miteinander zusammen. Nicht nur, weil beide traurig enden. Nein: Hätte man sich die erste Unglücksgeschichte nie erzählt, wäre die zweite vielleicht weniger schlimm ausgegangen.

Die erste ist kurz. Ein Ritterfräulein auf Burg Lahneck verliebte sich in einen jungen Ritter aus der Nachbarschaft. Und da auch der Ritter das Fräulein von ganzem Herzen liebte, hätte daraus leicht eine rührende Liebesgeschichte mit einem glücklichen Ende werden können, wenn nicht der Vater des jungen Mädchens gewesen wäre. Der hatte die Tochter bereits einem anderen versprochen, verbot diese Liebe und wies den jungen Ritter ein für allemal aus der Burg.

Das hinderte die beiden Liebenden nicht, sich heimlich zu treffen. Immer wenn der strenge Vater für einige Tage oder auch nur für Stunden die Burg verließ, um Geschäften nachzugehen oder um zu jagen, hängte die junge Frau ihren Schleier an die höchste Zinne des Bergfrieds als Zeichen für ihren Ritter. Und da der den hohen Turm – und somit den wehenden Schleier – von seinem Wohnort auf der anderen Seite der Lahn sehen konnte, schwang er sich unverzüglich aufs Pferd und ritt durch den Fluß zur Geliebten.

Eines Tages im Herbst, es hatte lange geregnet, und die Lahn führte Hochwasser, war der Vater zu Schiff nach Koblenz verreist. Wieder einmal hängte die junge Frau ihren Schleier an die Turmzinne, wieder einmal bestieg der verliebte Ritter sein Pferd und ritt mit ihm durch die Lahn. Aber das Hochwasser hatte den Fluß tief und reißend gemacht. Das Pferd verlor den Halt, strauchelte und wurde von der Strömung mitgerissen.

Vergeblich wartete die Frau auf den Geliebten. Es nützte nichts, daß sie noch einmal auf den Turm stieg und immer wieder mit dem Schleier winkte, bis zum späten Abend. Er kam an diesem Tag nicht mehr und auch nicht am nächsten.

Am Morgen des dritten Tages erfuhr sie von ihren Dienern, warum er sie nicht aufgesucht hatte und daß er sie nie mehr würde besuchen können: Er war im Fluß ertrunken.

Die junge Frau wandte sich um, zeigte keine Regung, stieg stumm auf den Turm, kletterte auf die höchste Zinne und sprang in die Tiefe.

Und da sie ihrem Leben selbst ein Ende gesetzt hat, kann ihr Geist keine Ruhe finden, erzählt man. Deshalb sieht man abends in der Dämmerung von Zeit zu Zeit das Ritterfräulein oben auf dem Turm stehen, wo es mit dem Schleier winkt und winkt, bis einmal der Jüngste Tag dem allen ein Ende setzen wird.

Burg Lahneck. Stahlstich um 1875. Die Burg wurde 1290 erbaut, später zerstört und 1854 aus ihren Ruinen restauriert.

Die zweite Geschichte spielt, wie schon erzählt, fast in unserer Zeit und beginnt eigentlich in England. Von dort machte sich ein Mädchen aus gutem Haus, eine junge Lady namens Idilia Dubb, mit ihrem Vater und einer Gouvernante auf den Weg nach Deutschland.

Herr Dubb hatte geschäftlich in Köln und Düsseldorf zu tun, und Idilia, die gerade Goethe in englischer Übersetzung las und nun für Deutschland und den Rhein schwärmte, durfte nach beharrlichem Betteln den Vater begleiten. Eine heitere Ferienreise sollte es werden, und es wurde die letzte Reise des jungen Mädchens.

Die Geschäfte des Vaters zogen sich hin. Die Damen hatten nun Köln und Düsseldorf wiederholt und gründlich besichtigt und langweilten sich ein wenig. So schlug Herr Dubb selbst vor, die beiden sollten doch einen kleinen Ausflug rheinaufwärts unternehmen, um dann nach einer Woche zur gemeinsamen Heimreise nach Köln zurückzukehren.

Tochter und Gouvernante reisten am frühen Morgen ab und fuhren bis Koblenz, wo sie sich ein Hotel suchten.

Am nächsten Morgen erwachte die Gouvernante mit heftigen Kopfschmerzen, die sich im Lauf des Vormittags zu einem Migräne-Anfall steigerten. Sie mußte im abgedunkelten Hotelzimmer liegen; jede Bewegung, jedes Geräusch peinigte sie, so ließ sie sich von Idilia nur zu gerne die Erlaubnis abringen, daß diese allein einen kleinen Rheinausflug unternehmen dürfe.

Die junge Lady fuhr mit dem Dampfboot rheinaufwärts, bis Kapellen. Das ist das letzte, was verbürgt und durch Zeugenaussagen bewiesen ist. Ihr weiteres Schicksal kann nur vom Ende der Geschichte her erschlossen werden.

Die Ruine der Burg Lahneck lag von Kapellen aus gesehen auf der anderen Rheinseite, fast gegenüber der Anlegestelle für das Dampfboot. Die romantische Burgruine muß Idilia so entzückt, so angezogen haben, daß sie einen am Ufer festgebundenen Nachen heimlich bestieg, den Haltestrick losknüpfte und zum anderen Ufer hinüberruderte. Ganz bestimmt wollte sie den Nachen nach ihrem

kleinen Ausflug wieder zurückbringen und an der alten Stelle festbinden. Sie konnte ja nicht ahnen, daß sie nicht mehr zurückkommen würde.

Drüben kletterte sie den alten, grasüberwachsenen Burgweg hinauf, der, kaum noch zu erkennen, steil zur Ruine hochführte. Es war ein Spätherbsttag, die Ernte war eingebracht, niemand arbeitete auf dem Feld, niemand sah sie hinaufsteigen.

Sie kam bei der Ruine an, beschaute sich die halbzerstörten Mauern, aus denen schwarz die leeren Fensterhöhlen zurückblickten, zwängte sich durch den schmalen Eingang des Bergfrieds und stellte fest, daß nicht nur der Turm die Zeiten überdauert hatte, sondern auch die Turmtreppe.

Vorsichtig stieg sie hinauf. Sie muß mutig gewesen sein, denn die alten Stufen waren lose, die Treppenbalken morsch und wacklig. Der herrliche Ausblick von da oben auf Rhein und Lahn lockte sie, der Gedanke daran ließ sie ihre Furcht vor der heftig schwankenden Treppe überwinden. Kurz bevor sie die Turmplattform erreichte, kam es zur Katastrophe. Vielleicht ist sie die letzten Stufen zu hastig, zu unvorsichtig hochgerannt, das helle Lichtviereck schon dicht vor sich. Ein morscher Balken brach, stürzte nach unten, riß im Fallen andere Balken mit sich, der ganze alte, wurmzerfressene Treppenbau stürzte prasselnd in sich zusammen.

Idilia konnte sich gerade noch am Steinrand festkrallen, sich auf die Plattform retten, während unter ihr das Getöse der einstürzenden Treppe den Turmschacht erfüllte. Nun lag sie oben auf den bemoosten Steinen des flachen Turmdaches, schweratmend, und begriff langsam, in welcher Gefahr sie geschwebt hatte und daß sie wie durch ein Wunder gerettet war. Allmählich wurde ihr aber auch klar, daß sie ohne fremde Hilfe den Weg nach unten nicht schaffen konnte. Sie schaute durch die Luke hinunter: Am Fuß des Turmschachts lag nun ein Gewirr von zerbrochenen und spitz aufragenden Balken, so tief, daß ein Sprung hinab den sicheren Tod bedeutet hätte.

Die Außenmauern des Turms waren glatt und ohne Halt. Ihr wurde schwindlig, als sie so steil nach unten blickte, sie mußte von den Zinnen zurücktreten. Als sie sich ein wenig gefaßt hatte, begann sie zu rufen und ihre Jacke zu schwenken.

Weit, weit unter sich, am anderen Ufer der Lahn, sah sie die Hausdächer von Niederlahnstein, nach Westen zu den Rhein, sogar das Dampfboot sah sie vorbeifahren. Aber niemand hörte sie rufen, niemand sah sie winken. Es wurde Abend, die Dunkelheit kam und ihre erste Nacht auf dem Turm.

Am Abend benachrichtigte die Gouvernante in Koblenz die Polizei und gleich am nächsten Morgen den Vater.

Der kam mit dem nächsten Schiff aus Köln. Eine Suchaktion wurde eingeleitet, Zeugen befragt.

Es gab einige Menschen, die sich erinnerten, die junge englische Lady auf dem Dampfschiff gesehen zu haben. Sie war auffallend hübsch, auch ihr grünes Kostüm hatte sich den Betrachtern eingeprägt. Alle sagten übereinstimmend aus, sie habe in Kapellen das Schiff verlassen.

So konzentrierte man die Suche auf das linke, das falsche Rheinufer. Mehr als hundert Menschen, vom besorgten Vater bezahlt, durchsuchten die Weinberge, Felder und Wälder zwischen Rhein und Mosel. Obwohl man jeden Steinwall, jeden Busch, ja fast jeden Grashalm überprüfte, fand man nicht die geringste Spur von dem Mädchen.

Hatte man erst befürchtet, sie wäre einem Verbrechen zum Opfer gefallen, nahm man nun eher an, sie sei in den

Rhein gestürzt und ertrunken. Manche waren allerdings der Meinung, hinter dem plötzlichen Verschwinden des jungen Mädchens stecke nichts anderes als eine Liebesgeschichte. Es gab einige, die sich erinnerten, daß sich das Fräulein auf dem Schiff mit einem jungen Mann unterhalten hatte. Leider hätte man von dem Gespräch nichts verstanden, da die beiden englisch redeten. Der junge Mann sei wie ein Student gekleidet gewesen.

Der verzweifelte Vater, der weder den Gedanken an ein Verbrechen ertragen konnte noch an einen Tod im Wasser, war sehr geneigt, an die Geschichte mit dem Studenten zu glauben. Vielleicht war die ganze Reise, von langer Hand geplant, nur ein Vorwand, sich mit dem jungen Mann zu treffen und ihn heimlich heiraten zu können! Heimliche Ehen und Entführungen aus Liebe waren in der damaligen Zeit nicht ungewöhnlich.

So schickte der Vater die Gouvernante allein zurück nach England, mit dem schwierigen Auftrag, Frau Dubb behutsam vom unerklärlichen Verschwinden ihrer Tochter zu unterrichten, und blieb vorerst in Koblenz. Dort wartete er mit täglich sinkender Zuversicht darauf, daß ihm Idilia ein Lebenszeichen senden würde.

Das Tragische war, daß die junge Lady oben auf dem Turm immer dringlichere Lebenszeichen aussandte, die sogar von jemandem gesehen wurden. Aber leider von einem, der sie falsch deutete, weil ihm die Sage aus dem Mittelalter durch den Kopf spukte. Ein alter Mann aus Niederlahnstein hatte in der Nähe der Burg Lahneck Kräuter gesammelt und warnte am Abend im Wirtshaus alle Gäste vor einem bevorstehenden Hochwasser. Ihm sei nämlich heute der Geist des Ritterfräuleins erschienen, erzählte er mit gewichtiger Miene. Ganz deutlich habe er sie vom Turm winken sehen. Und wenn der Geist mit dem Schleier winke, kündige er immer Hochwasser an und wolle alle davor warnen, den Fluß zu überqueren. Das sei schon seit alters her so.

Die anderen Gäste lachten über ihn und seine Hirngespinste, redeten ihm seinen Aberglauben aus und versicherten ihm, daß es Geister nur in Sagen gäbe.

Obwohl bestimmt einige von ihnen von dem Unglücksfall drüben auf der anderen Rheinseite gehört hatten, kam niemand auf die Idee, zwischen dem winkenden Ritterfräulein aus der Sage und der verschwundenen Engländerin eine Verbindung herzustellen. So hatte der unglückliche Vater nach einer Woche immer noch keine Nachricht von seiner Tochter, weder eine gute noch eine schlechte. Er blieb noch weitere zehn Tage und fuhr dann schweren Herzens nach England zurück. Seine Adresse hatte er beim Bürgermeisteramt und der Polizei in Koblenz hinterlegt. Jahre später hofften er und seine Frau noch immer auf einen Brief, einen Hinweis, auf Gewißheit. Aber alles Warten war umsonst.

Nach Jahrzehnten, die Eltern waren beide tot, ging man daran, die Burg Lahneck und den Turm zu renovieren. Man räumte die Trümmer der Treppenanlage im Bergfried beiseite, stellte hohe Leitern auf und erkletterte die Turmplattform.

Und da erst löste sich das Rätsel der verschwundenen jungen Lady. Ihr Skelett lag im Schatten der Zinne, die Schuhe hatte sie ausgezogen und sorgsam neben sich gestellt, als hätte sie mit Bedacht den Platz ausgewählt, wo sie sich zur letzten Ruhe niederlegte.

Und in die Turmöffnung hinab hing noch ein verwittertes, blaßgrünes, viel zu kurzes Seil, das aus Streifen ihres Kleides geflochten war.

NACHTRAG 1:

Der von Idilia Dubb verehrte Goethe hat ein Gedicht geschrieben, das als erstes rheinromantisches Gedicht der Literaturgeschichte gilt.

Geistes-Gruß

Hoch auf dem alten Turme steht
des Helden edler Geist,
der, wie das Schiff vorübergeht,
es wohl zu fahren heißt...

Der alte Turm, den er besingt, ist der Bergfried von Burg Lahneck, auf dem die junge Engländerin später den Tod fand. Goethe notierte das Gedicht in sein Reisetagebuch, höchst beeindruckt von der Burgruine, als er mit seinem Freund Lavater mit einem Boot die Lahn hinabfuhr und den Rhein entlang. Idilia Dubb hat das Gedicht möglicherweise gekannt. Dann hätte sie gar nicht zufällig Burg Lahneck zum Ziel ihres Ausflugs erkoren!

NACHTRAG 2:

Der tragische Vorfall wird erstmals im Kreis- und Wochenblatt der Stadt Adenau vom 26. Oktober 1863 erwähnt.
In den zwanziger Jahren hat der Schriftsteller Wilhelm Schäfer das Ereignis zum Anlaß für eine seiner »Anekdoten« (so der Titel des Buches) genommen. Sie heißt »Das fremde Fräulein«. Wilhelm Schäfer macht die englische Lady allerdings zu einem deutschen Fräulein und läßt sie aus Westfalen stammen.

Allerlei Turmspitzen: Turmkreuze, Wetterfahnen und Wetterhähne . . .

Die Sitte, einen Hahn als Wetterfahne auf die oberste Spitze eines Hauses oder Turmes zu setzen, stammt aus dem Altertum. Damals war er als Tagverkünder dem Lichtgott Apollo heilig.

Im Mittelalter hat man ihn – wie so vieles, das man aus dem Heidentum übernahm – einfach umgedeutet: Nun stellt der Hahn den Prediger dar. Wie dieser steht er auf einem erhöhten Platz über den Gläubigen, wie er sich gegen Sturm und Wind dreht, so widersteht der Prediger der Sünde und der Versuchung. Die feststehende Stange, um die er sich dreht, ist das feststehende Wort der Bibel.

Vorbild und Nachbau

Im Jahr 1894, sechs Jahre vor der Jahrhundertwende, schrieb der amerikanische Architekt John Moser einen Aufsatz über amerikanische Wolkenkratzer. Er schloß mit einem Ausblick auf das vor ihm liegende Jahrhundert:

»Das Bürogebäude der Zukunft wird nützlich und praktisch sein. *Es wird mitteilen, was es ist, und nicht behaupten, etwas anderes zu sein.* Es wird elegant sein auf Grund seiner Proportionen und seiner Schlichtheit.«

Diese Schlußfolgerung erscheint uns heute naheliegend und nicht besonders überraschend. Modernen Industriebauten sieht man an, daß sie keine Kirchen sind.

Aber für die Zeit John Mosers war seine Voraussage äußerst hellsichtig und gar nicht selbstverständlich. Denn bis in die zwanziger Jahre hinein zeigten weder die Industriebauten noch die Bürohochhäuser, was sie waren. Im Gegenteil, sie suchten es schamhaft zu verbergen. Wassertürme behaupteten, sie seien Bergfriede von mittelalterlichen Burgen oder italienische Glockentürme. Wolkenkratzer, in denen tagsüber Tausende von Menschen schufteten und die nachts leerstanden, taten so, als seien sie gotische Kirchtürme.

Die Architekten der damaligen Zeit hatten noch keinen gültigen modernen Baustil gefunden. Sie orientierten sich an Gotik und Renaissance, ahmten ägyptische oder griechische Tempel nach, deutsche Burgen und französische Schlösser. Sie blickten zurück, nicht in die Zukunft. Diesen Stil nennt man *Historismus*, weil man auf historische (= vergangene) Kunststile zurückgriff.

Links: Druckwasserturm in Grimsby, Großbritannien. Ein Industriebau aus der zweiten Hälfte des 19. Jahrhunderts.

Rechts: Sein Vorbild, der Rathausturm von Siena, erbaut um 1340.

Die Moschee Kait Bey in Kairo diente offensichtlich als Vorbild für das Maschinenhaus im
Schloßpark von Sanssouci, Potsdam.
(Rechts). Es entstand um 1850. Das Minarett
ist in Wirklichkeit ein Schornstein.

Im Gegensatz dazu ein modernes Industriebauwerk: Der Zwillingswasserturm von St. Omer in Frankreich macht keinen Hehl daraus, daß er ein reiner Zweckturm ist, ein Industriebauwerk. Er überzeugt durch seine Klarheit und Schlichtheit.

Der Zwillingswasserturm von St. Omer in Frankreich.

Links: McGraw-Hill Building in New York, 1931 erbaut.

Rechts: Union Carbide Building in New York, gebaut in den Jahren 1957 bis 1960.

Das McGraw-Hill-Hochhaus in New York, im Jahr 1931 gebaut, ist eines der ersten im sogenannten Internationalen Stil. Hier wird der Anspruch, daß ein Gebäude mitzuteilen habe, was es sei, offensichtlich erfüllt.

Von diesem Bau führt ein direkter Weg zu den zahllosen würfelförmigen Wolkenkratzern der fünfziger Jahre. Hier ein typischer Bau aus New York. Er zeigt allerdings, daß nicht jedes Bauwerk, dessen Funktion und Zweck man erkennen kann, damit zwangsläufig auch ein *schönes* Bauwerk ist. Solche kostengünstig gebauten, ungegliederten Riesenklötze verunstalten auch die City vieler deutscher Großstädte.

Zu Beginn unseres Jahrhunderts war es noch nicht so einfach, ein zeitgenössisches Bauwerk an seiner Form zu erkennen:
Drei Rundtürme mit spitzem Dach, vorgebauten Erkern und kleinen Türmchen, alle mit einem Zackenfries verziert. Welcher davon stammt aus dem Mittelalter, welcher ist ein neuzeitlicher Industriebau?

(Auflösung: Seite 256)

Diesmal ein Stilvergleich als Ratespiel: Viele Turmspitzen – welche gehört zu einem mittelalterlichen Kirchturm, welche zu einem amerikanischen Wolkenkratzer?
(Auflösung: Seite 256)

Schiefe Türme

Der berühmte Turm zu Pisa ist einer der schönsten Türme Italiens. Er hat gewissermaßen zwei Hüllen. Den Kern bildet ein fester Rundturm aus Granit, in dem eine Wendeltreppe nach oben führt. Diesen Granitturm umgeben in einigem Abstand elegante Säulenreihen, die in acht Stockwerken übereinandergebaut sind. Insgesamt 207 Säulen aus schönstem weißem Marmor, durch kleine Bogen miteinander verbunden, bilden die zweite, äußere Hülle. Auf jedem Stockwerk kann man durch eine schmale Tür nach außen treten und auf der kleinen Galerie (zwischen den Säulenreihen und dem inneren Kern) um den Turm herumgehen.

Das Bauwerk wird nahezu täglich von Hunderten, manchmal Tausenden, in den Ferienmonaten sogar von Zehntausenden von Touristen bestaunt, bestiegen und fotografiert.

Es ist aber nicht etwa wegen seiner Schönheit so bekannt, sondern nur deshalb, weil es schief ist.

Was das »Pfennigmagazin«, eine illustrierte Wochenschrift des vergangenen Jahrhunderts, vor mehr als 150 Jahren über den Turm und seine Besucher schrieb, gilt auch heute noch: »Anstaunen des Seltsamen und Unerklärlichen liegt dem Kindersinn des Menschen leider näher, als Einsicht des Vollendeten und Schönen!«

Mit den Arbeiten am Turm wurde im Jahr 1173 begonnen. (Kunstgeschichtler nennen diese Zeit »Romanik«.) Baumeister waren Buono Buonanni, ein Italiener, und Wilhelm von Innsbruck, ein Deutscher.

Der Schiefe Turm einmal ganz gerade.

Links: Der berühmte Schiefe Turm von Pisa.

Als der Bau drei Stockwerke hoch war, gab der Boden nach, das Bauwerk neigte sich. Der Untergrund besteht in Pisa nicht aus festem Gestein, sondern aus weichem, nachgiebigem, vom Meer angeschwemmtem Land. Man hörte sofort auf zu bauen, und ein ganzes Jahrhundert lang war der Turm zu Pisa nur ein Türmchen, nicht einmal so hoch wie der benachbarte Dom, dessen Glockenturm er doch sein sollte.

Im Jahr 1275 beschlossen die Pisaner, den Turm doch weiterbauen zu lassen. Die drei Stockwerke hatten sich nicht weiter gesenkt, der Untergrund schien zur Ruhe gekommen zu sein.

Der Architekt Giovanni di Simone übernahm die schwierige Aufgabe. Obwohl die Zeit der Romanik bereits vorbei war (die berühmten gotischen Kathedralen in Frankreich waren längst gebaut), beschloß er, den Turm ganz im alten Stil weiterzuführen.

Er versuchte, die Neigung behutsam auszugleichen. Betrachtet man den Bau genauer, wird man feststellen, daß der Neigungswinkel der unteren drei Stockwerke gleich ist, sich dann aber ändert. Die oberen stehen etwas senkrechter. Aus diesem Grund sind die Säulen auf der einen Turmseite länger als auf der anderen.

Schematisch gezeichnet (und etwas übertrieben, zur Verdeutlichung) stellt sich der Turm dar wie auf der Zeichnung links.

Inzwischen weiß man, daß sich der Turm weiter senkt, etwa einen Zentimeter im Jahr. Irgendwann einmal wird er so schief sein, daß er unweigerlich einstürzt, wenn man ihn nicht rechtzeitig abfängt (etwa durch Beton-Fundamente).

Man kann recht einfach berechnen, wann ein Turm so schief ist, daß er einstürzen muß. Es hängt von seinem Schwerpunkt ab. Bei Körpern mit gleichbleibender

ursprüngliche Neigung

kürzere Säulen

lange Säulen

Dichte (also bei gleichmäßig hochgemauerten Türmen) liegt der Schwerpunkt genau in der Mitte.

Zieht man eine Senkrechte (die Lotlinie) vom Schwerpunkt S aus nach unten, so liegt der Punkt F (wo die Lotlinie die Waagrechte trifft) bei einem normalen Turm genau in der Mitte der Turmbasis.

Beim Turm der Abb. 2 ist der Punkt F schon weit nach außen gerückt. Solange er aber noch innerhalb der Turmbasis liegt, wird der Turm nicht einstürzen.

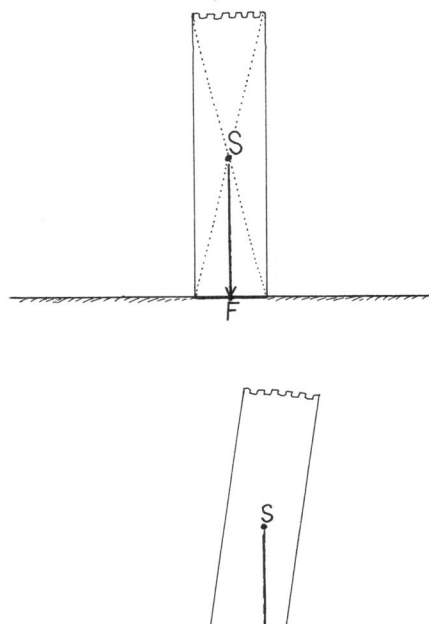

Bei Abb. 3 schließlich ist der Turm so stark geneigt, daß der Punkt F schon außerhalb der Turmbasis liegt. Der Einsturz ist unvermeidbar.

Man erzählt sich, daß der Naturforscher Galileo Galilei, der 1564 in Pisa geboren wurde, von der vorletzten Plattform des Schiefen Turms aus schwere und leichte, große und kleine Gegenstände zu Boden fallen ließ und die Fallzeiten verglich, bevor er dann seine berühmten Fallgesetze formulierte.

Der Schiefe Turm ist in aller Welt so bekannt, daß er den Anstoß zu einer Unzahl von gezeichneten Bilderwitzen und mehr oder weniger witzigen Fotos gab. Man kann schon von einer eigenen Gattung sprechen, dem »Schiefen-Turm-zu-Pisa-Witz«, der fast mit so weitverbreiteten Witzthemen wie »Mann auf einsamer Insel« oder »Forscher im Kessel der Menschenfresser« aufnehmen kann.

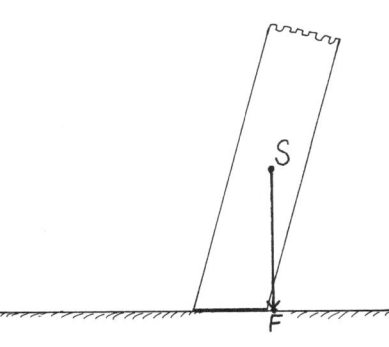

Nicht ganz so schief und nicht ganz so berühmt wie der Turm zu Pisa sind die beiden schiefen Türme von Bologna. Die Wirkung wird dadurch erhöht, daß sie gegeneinander geneigt sind. Darum scheinen sie schiefer, als sie in Wirklichkeit sind.

Nach den Erbauer-Familien heißen sie »Turm der Assinelli« und »Garisenda-Turm«. Die Familie Garisenda erbaute zuerst (1109) ihren Turm, dessen ursprüngliche

SCHREINE

KASTÉ

Höhe nicht bekannt ist. Zehn Jahre später tat es ihr die Familie Assinelli nach (die mit der Familie Garisenda verfeindet war) und errichtete in unmittelbarer Nachbarschaft den um einige Meter höheren Turm der Assinelli (98 m hoch).

Zum großen Ärger der Familie Garisenda war der Konkurrenzturm nicht nur höher, er bewirkte auch durch sein großes Gewicht, daß sich der Untergrund senkte, auf dem beide Türme standen. Und nicht nur das: Der neue Turm neigte sich nur wenig, der alte aber wurde so gefährlich schief, daß sich die Familie Garisenda wutschnaubend dazu entschließen mußte, ihren Turm bis auf die Höhe von 46 Metern abzutragen. Deshalb wird ihr Turm in Bologna auch spöttisch »torre mozza« genannt, was man etwa mit »der Turmstummel« oder »der gestutzte Turm« übersetzen könnte.

Im Zusammenhang mit dem Turm zu Pisa wurde das »Pfennigmagazin« bereits erwähnt, das sich darüber grämte, daß die Menschen das Seltsame mehr schätzen als das Schöne. Das Magazin hat allerdings selbst fleißig dazu beigetragen, diesen Publikumsgeschmack zu fördern. Man vergleiche nur die Fotografie der beiden schiefen Türme mit dem Holzschnitt, der das Titelblatt vom 4. Januar 1834 ziert: Da hat man die Neigung der beiden Türme wirklich dramatisch übersteigert. Man erwartet geradezu stündlich ihren Einsturz. *(Abb. nächste Seite)*

Ein im 19. Jahrhundert sehr berühmter schiefer Turm ist allerdings wirklich eingestürzt: Der Glockenturm von Saragossa (Spanien).

Im Pfennigmagazin von 1838 wird er noch ausführlich beschrieben: Er sei 1504 gebaut, stehe schon mehr als 300 Jahre und werde wohl die nächsten 300 Jahre auch so stehenbleiben. Diese Voraussage hat sich nicht erfüllt. Nicht einmal 50 Jahre später, im Jahr 1887, ist er umgefal-

Das Pfennig-Magazin

der Gesellschaft zur Verbreitung gemeinnütziger Kenntnisse.

36.]   Erscheint jeden Sonnabend.   [Januar 4, 1834

Die schiefen Thürme von Bologna.

Die Türme der Assinelli und Garisenda in Bologna: Links als Foto, rechts als Titelbild des Pfennigmagazins aus dem Jahr 1834.

len. Da man deshalb nicht gut ein Foto von ihm machen kann, wird er hier auf dem alten Holzstich von 1838 gezeigt. Weitere schiefe, wenn auch lang nicht so berühmte Türme, stehen noch in Ulm (der Metzgerturm), in St. Moritz (Turm der Mauritiuskirche), in Lüneburg, Salzwedel und Bautzen, in Ravenna und in Chesterfield und Bridgenorth (England).

Als schiefer Turm gilt auch der Falterturm im Mainstädtchen Kitzingen, in dem seit einiger Zeit das Fastnacht-Museum untergebracht ist.

Die Kitzinger erzählen, im Baujahr des Turms sei der Wein so sauer gewesen, daß man ihn nicht hätte trinken können. Der Bürgermeister hätte aber verboten, daß man diese Gottesgabe einfach in den Main kippe. Wenn man den Wein schon nicht trinken könne, so solle er doch zu etwas Nützlichem taugen. So rührten die Maurer auf seinen Befehl hin den Mörtel nicht mit Wasser an, sondern mit Frankenwein. Und das sei dem Turm wohl nicht bekommen: Plötzlich sei er schief gewesen.
Genau betrachtet, ist er aber gar nicht sehr geneigt. Schief

Links: Das Pfennigmagazin zeigte seinen Lesern auch den »überhängenden Thurm« von Saragossa.

Rechts: Auf einer Ansichtskarte zu bewundern: der schiefe Turm von St. Moritz.

Links und unten: Der Falterturm in Kitzingen. Im Foto oben ist zu erkennen, daß eigentlich nur das Dach schief ist.
Unten der Poststempel mit der verwegenen Turmhaube.

Rechts: Der gedrehte schiefe Kirchturm von Mayen in der Eifel ragt 1,70 m aus dem Lot.

ist eigentlich nur das Turmdach, die Dachhaube. Also müssen wohl die Zimmerleute die Übeltäter gewesen sein und nicht die Maurer.

Die Post in Kitzingen hat den Turm auf einem Sonderstempel verewigt. Vergleicht man das Stempelbild mit einem Foto des Turms, fühlt man sich an den Holzstich mit den schiefen Türmen von Bologna erinnert: In beiden Fällen hat der Zeichner die Schiefe des Turms wohl ein bißchen übertrieben!

Türme mit seltsamen Namen (2)

Der Teufelsturm

Eine fränkische Sage erzählt vom Teufelsturm, der auf
einem Felsen bei der Stadt Grein an der Donau steht.
Auf diesem Turm soll sich oftmals ein Gespenst sehen
lassen, das man den Schwarzen Mönch nennt.
Als Kaiser Heinrich III. und Bischof Bruno von Würzburg
einmal mit dem Schiff am Teufelsturm vorbeifuhren,
erhob sich plötzlich eine dunkle Gestalt auf der Zinne
und rief dem Bischof zu: »Bischof Bruno, wo willst du
hin? Bischof Bruno, du wirst mir nicht entfliehn! Bischof
Bruno, du wirst mein! Bischof Bruno, bald wirst du bei
mir sein!«
Die Männer im Boot erschraken und bekreuzigten sich,
da verschwand die Gestalt.
Abends stiegen Kaiser und Bischof im Schloß Persenburg
ab. Man speiste mit dem Abt von Seusenstein und der
Gräfin Reichilt in einem Sommerhaus am Donauufer zu
Abend. Da brach mit einemmal der morsche Boden des
Hauses ein, und die vier stürzten in den unteren Stock.
Kaiser Heinrich III. fiel zu seinem Glück in eine wasserge-

füllte Badewanne und blieb völlig unverletzt. Bischof Bruno dagegen starb an den Folgen des Sturzes.

Seitdem meidet man den Teufelsturm.

Der Mäuseturm

In seinem »Großen Universal-Lexikon« erzählt uns Johann Heinrich Zedler, wie der Mäuseturm zu seinem Namen kam:

»Der Mäuseturm steht mitten im Rheine auf einer Insel, nicht weit von Bingen.

Er hat seinen Namen von einem Bischof Hatto II. Zu dessen Zeit war eine große Teuerung im Lande. Weil er sich vor dem Anlauf des Bettelvolks nicht retten konnte, so ließ er sich außerhalb von Mainz auf einem Berg eine besondere Wohnung bauen und dieselbe Hattenburg nennen.

Da er auch da nicht von dem Bettelvolk befreit blieb, ließ er eine große Menge derselben in seine Scheune einsperren und zu Pulver verbrennen. Wie die armen Leute schrien, so sagte der unbarmherzige Erzbischof: ›Hört, hört, wie meine Kornmäuse pfeifen!‹

Hierauf wurde Hatto aller Orten, wo er stund oder ging, von Mäusen verfolgt. Er flüchtete auf den Turm im Rhein, der bis auf den heutigen Tag der Mäuseturm genannt wird. Allein die Mäuse schwammen herdenweise über das Wasser, kletterten am Turme hinauf und fraßen den Hatto bei lebendigem Leib. Ja, wo nur sein Name irgendwo geschrieben stund, da nagten die Mäuse die Buchstaben herab.«

Obwohl die Geschichte in einem Lexikon steht, ist sie doch in das Reich der Sage zu verweisen. Zur Ehrenrettung des bösen Bischofs Hatto darf nicht verschwiegen werden, daß man neuerdings der Meinung ist, der Name

Mausturm käme eigentlich von Mautsturm. Da der ganze
Rheinverkehr am Turm und an der Insel vorüber mußte,
hatte man im Mittelalter an dieser Stelle den Wegzoll, die
Maut, erhoben. Die Rheinschiffer durften nur am Maust-
turm vorbeifahren, wenn sie Zoll zahlten.

Auch ein *Mäuseturm.* Turm aus
einem Schachspiel von George
Tinworth, bei dem alle Figuren als
Mäuse gestaltet sind. Hergestellt
um 1890 von der englischen
Porzellanmanufaktur Doulton.

Barocke Turmhauben

In der Barockzeit kam eine besondere Dachform in Mode, die man (nach ihrer Herkunft aus Italien) die „Welsche Haube" nennt. Die Grundform ist immer gleich: Über einer glockenförmigen Haube sitzt eine zweite, kleinere, manchmal noch eine dritte. Ein laternenförmiges Zwischenstück trennt die einzelnen Hauben. Während man in der Gotik den Ehrgeiz hatte, den Turm der Nachbarstadt an Höhe zu übertreffen, entwickelte sich nun ein anderer, eher spielerischer Wettbewerb: Man versuchte, die Grundform auf immer neue Art abzuwandeln. Ein Blick auf die hier abgebildeten Turmhauben fränkischer Dorfkirchen mag das zeigen. Auf den ersten Blick sehen alle gleich aus, und doch unterscheiden sie sich durch Einzelheiten voneinander. Eine Turmhaube ist absichtlich *zweimal* zu sehen. Welche?

Der Leuchtturm von Alexandria

Im Altertum gab es sieben Bauwerke, die man als »Welt-wunder« bezeichnete. Eines dieser sieben Weltwunder war der Leuchtturm von Alexandria.

Alexandria ist eine Hafenstadt in Ägypten, sie wurde 331 v. Chr. von Alexander dem Großen gegründet und war eine der bedeutendsten Großstädte der alten Welt.

Damals gehörte Ägypten zum griechischen Weltreich, das sich über Persien bis Indien erstreckte.

Der berühmte Leuchtturm stand auf einer kleinen Felsin-sel vor der Hafeneinfahrt, die Insel nannte sich Pharos. Mit der Zeit hat sich der Name der Insel so mit dem Turm verknüpft, daß man von dem Bauwerk selbst als dem »Pharos von Alexandria« sprach. Das französische Wort »Phare« für Leuchtturm kommt daher.

Gebaut wurde der Turm ab 290 v. Chr., 279 wurde er dann feierlich eingeweiht. Sein Erbauer ist der griechische Baumeister und Ingenieur Sostratus, Auftraggeber war König Philadelphos. Der Baumeister selbst hat dafür gesorgt, daß sein Name der Nachwelt erhalten blieb.

Der griechische Dichter Lukian hat überliefert, wie das geschah. In einem Buch über die Kunst des Schreibens rät Lukian den jungen Schriftstellern seiner Zeit, sie sollten nicht danach streben, schon bei Lebzeiten berühmt zu werden. Wichtiger, sagt er, ist der Nachruhm, den der Künstler nicht mehr erlebt. Und als Beispiel führt er Sostratus an:

»Er hatte den Turm zu Pharos, das größte und schönste Werk in der Welt, aufgebaut, damit man von ihm den

Links: Der Leuchtturm auf der Insel Pharos bei Alexandria. Kupferstich aus »Entwurf einer historischen Architektur« von Fischer von Erlach, 1721.

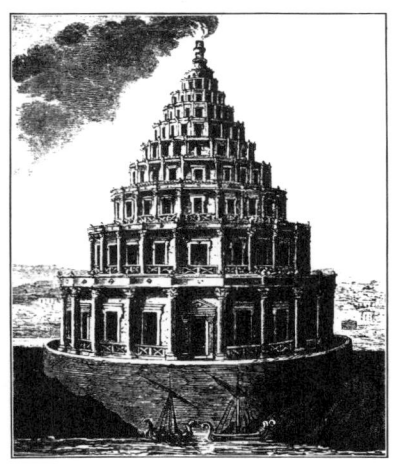

Ebenfalls ein früher Rekonstruktionsversuch des Pharos von Alexandria.

Seefahrenden durch ein Feuer weit in die See hinaus leuchten und sie warnen könne. Nachdem nun das Werk fertig war, grub er seinen Namen in die Steine ein, übertünchte sie hernach mit Kalk und Gips und schrieb außen darauf, wie es üblich war: König Philadelphos ließ diesen Bau errichten.

Als nach mehr als hundert Jahren der Kalk mit den Buchstaben gänzlich herabgefallen war, kam die Aufschrift hervor:

Sostratus, Sohn des Dexiphanes
aus Knidos
baute diesen Turm

So machte er, da er nicht auf seine Zeit sah, sondern auf zukünftige Zeiten, daß seine Kunst bekannt bleibt, solange der Turm steht.«

Ursprünglich war das Bauwerk allerdings gar nicht als Leuchtturm gedacht, sondern als Wahrzeichen der neuen Stadt, als Künder der Weltmacht des griechisch-morgenländischen Reiches. Seine enorme Höhe deutet das an, es war mehr als 120 m hoch.

Schon im Altertum war bekannt, daß die ideale Höhe eines Leuchtturms bei etwa 40 m liegt. Sein Leuchtfeuer hat nämlich durch die Erdkrümmung nur eine begrenzte Reichweite. Ein Feuer auf der Spitze eines 10 m hohen Turms leuchtet 20 km weit. Baut man ihn doppelt so hoch, leuchtet das Feuer nicht etwa doppelt so weit: Die Sichtweite eines in 20 m Höhe angebrachten Lichts beträgt nur 25 km. Und ein Turm von 110 m Höhe strahlt nicht einmal 1 km weiter als einer von 100 m.

Der Bau eines allzu hohen Leuchtturms bedeutet folglich nur Verschwendung von Zeit und Material. Da der riesige Turm aber nun schon mal stand, ging man um das Jahr 150 (also rund 400 Jahre nach seiner Vollendung) dazu über, auf der Turmspitze ein nächtliches Feuer zu schüren und das Bauwerk fortan auch als Leuchtturm zu benutzen.

Viele Schriftsteller, Historiker und Feldherren haben den Turm zwar erwähnt und gerühmt (auch Julius Cäsar zum Beispiel), ihn aber nicht näher beschrieben.

Von ihnen wissen wir nur, daß er sehr hoch, schön, vielgeschossig und aus weißem Marmor erbaut war. Die Steinfugen hatte Sostratus mit Blei ausgießen lassen, weil Mörtel von der salzhaltigen Seeluft zerfressen worden wäre.

Später, nach der Eroberung Ägyptens durch die Araber, haben dann arabische Historiker den Turm als bedeutendstes Bauwerk der eroberten Gebiete erkannt und genauer beschrieben.

Es war auch ein arabischer Autor (sein Name war Masudi), der berichtete, wie der Turm schließlich zerstört wurde. Die Geschichte sei hier nacherzählt:

Zwei antike Münzen mit dem Bild des Leuchtturms.

Das Ende des Pharos von Alexandria

Es erregte den Zorn des byzantinischen Kaisers, daß sich der Mittelmeerhandel immer mehr von Byzanz (dem heutigen Istanbul) nach Alexandria verlagerte. Kalif el-Walid, von 705 bis 715 Kalif, Sohn des Abd-el-Melik, oberster Herrscher aller Araber, wurde reicher und reicher dabei und drohte den Kaiser an Macht und Wohlhabenheit zu übertreffen.

Schuld daran war der Leuchtturm vor dem Hafen der Stadt Alexandria. Er wies den Seeleuten den Weg bei Tag und strahlte weit durch die Nacht, so daß sich verirrte Schiffe selbst bei Dunkelheit in den rettenden Hafen bergen konnten.

Und immer mehr Handelsschiffe, die vorher ostwärts nach Byzanz gefahren waren, nahmen nun Kurs nach Süden, um bei der Stadt mit dem hohen Leuchtturm anzulegen, dort Waren zu kaufen und zu verkaufen.

Der Kaiser beschloß, in Byzanz einen Turm bauen zu lassen, der den Pharos von Alexandria an Größe noch übertreffen sollte. Es zeigte sich aber, daß das alte Wissen verlorengegangen war. Es fand sich auf der ganzen Welt kein Baumeister mehr, der einen so hohen Turm planen und bauen konnte.

Deshalb ersann der Kaiser eine List, den Pharos von Alexandria zu zerstören. Das war nicht einfach, weil der Turm doch gut bewacht im Land des Feindes stand, tausend Meilen von Byzanz entfernt.

Heimlich ließ der Kaiser zwei seiner Vertrauten als Muselmanen (so werden die Mohammedaner auch genannt) verkleidet nach Damaskus reisen, dem Sitz des Kalifen. Gewöhnlich dringt man in das Land des Feindes ein, um dort zu rauben. Die zwei taten das Gegenteil: Sie hatten Goldstücke und Edelsteine mitgebracht, die sie nun an einem geheimen Ort in Damaskus versteckten. Dann reisten sie eilig zurück, überschritten die Grenze, ohne entdeckt zu werden, und erstatteten ihrem Kaiser Bericht. Ein paar Wochen später erschien ein Fremder mit großem Gefolge an der Grenze des arabischen Reiches, bat um Aufnahme für sich und seine Diener und legte sein Geschick in die Hände des Kalifen.

Man schaffte ihn nach Damaskus, und der Kalif el-Walid, neugierig auf die Geschichte des Fremden, empfing ihn in seinem Palast. Der Fremde warf sich el-Walid zu Füßen und bekannte, daß er der höchste Minister des byzantinischen Kaisers sei. Er sei, berichtete er, bei seinem Herrn in Ungnade gefallen. Gerade noch rechtzeitig habe er erfahren, daß sein Todesurteil bereits unterschrieben sei. In höchster Eile habe er einen Teil seiner Habe zusammengerafft und sei mit seinen Dienern geflohen. Nun sei er hier, sei auch bereit, den wahren Glauben anzunehmen und Mohammedaner zu werden, und bitte um die Gnade und Gunst des Kalifen.

El-Walid ließ dem vornehmen Byzantiner ein Haus in der Nähe des Palastes zuweisen, wo er mit seinen Dienern einziehen durfte. Der ehemalige Minister, nun Muselmane, errang immer mehr das Vertrauen des Kalifen, stand ihm mit Ratschlägen gegen Byzanz bei, spielte mit ihm Schach und wurde manchmal sogar eingeladen, mit el-Walid in den Gärten des Palastes spazierenzugehen.

Darüber zeigte sich der Flüchtling so gerührt, daß er eines
Tages zum Kalifen sagte: »Beherrscher der Gläubigen, Ihr
habt mich aufgenommen und mir Eure Gunst erwiesen.
Gestattet mir, daß auch ich Euch einen kleinen Dienst
erweise. Unter den wenigen Dingen, die ich aus Byzanz
mitnehmen konnte, ist ein Buch aus dem Besitz des
byzantinischen Kaisers. In diesem Buch ist aufgezeichnet, wo die alten griechischen Kaiser, die Vorfahren des
Kaisers von Byzanz, den Allah verdammen möge, ihre
Schätze vergraben ließen. Da Syrien und damit Damaskus früher in griechischer Hand waren, ist auch hier ein
Schatz vergraben, den der Kaiser nun nicht mehr bergen
kann, da das Land Euer ist.«
Der Kalif glaubte ihm nicht und befahl ihm, den Beweis
für diese Behauptung anzutreten, und der Byzantiner
führte el-Walid zu der Stelle, wo die Vertrauten des Kaisers zuvor den Schatz versteckt hatten.
Als der Kalif das Gold und die Edelsteine sah, glaubte er
dem Flüchtling und bat ihn, ihm sofort das Buch auszu-
händigen, damit er auch die anderen Orte ermitteln
könne, wo noch mehr Schätze verborgen waren.
In dem Buch war aufgezeichnet, daß sich alle Schätze an
Orten befanden, die nicht zum Herrschaftsgebiet des
Kalifen gehörten. Alle, bis auf einen, den größten von
ihnen. Der mächtigste Schatz, war da zu lesen, sei mehrere Meter tief unter den Grundmauern des Leuchtturms
auf der Insel Pharos vergraben.
Sofort schickte der Kalif den Byzantiner mit einigen Soldaten nach Alexandria, mit dem Befehl, unter den Mauern des Turms nach dem Schatz zu graben.
In Alexandria angekommen, befahl der Byzantiner den
Soldaten und seinen Dienern, die bei ihm waren, den
Turm von oben beginnend Stein für Stein abzutragen. Es
sei sonst zu gefährlich, erklärte er den Soldaten, unter

den Grundmauern zu graben. Das Bauwerk könne einstürzen und alle Arbeiter unter sich verschütten. Die Soldaten taten, wie er ihnen befohlen hatte, wußten sie doch, daß er das Vertrauen des Kalifen genoß.

Als der Turm schon mehr als zur Hälfte abgetragen war, und immer mehr Schiffe, der Orientierung beraubt, vor der Küste Schiffbruch erlitten, rebellierten die Einwohner Alexandrias gegen die Soldaten ihres Kalifen und versuchten, sie an der Zerstörung des Turmes zu hindern. Aber die Soldaten sperrten den Damm, der vom Festland zur Insel führte, verteidigten die Sperre und ließen niemand durch.

In ihrer Not schickten die Einwohner Alexandrias eine Gesandtschaft nach Damaskus, die dem Kalifen von der Zerstörung des Turms berichten und ihn um Hilfe und Beistand anflehen sollte. Doch der Weg von Alexandria nach Damaskus ist weit, sehr weit. Als ein Wesir des Kalifen mit vielen Soldaten in Alexandria eintraf, um die Zerstörung des Turmes sofort zu unterbinden, war es zu spät: Der Turm stand nicht mehr.

Der Byzantiner aber war, einen Tag, bevor der Wesir eintraf, mit seinen Dienern zu Schiff nach Byzanz zurückgeflüchtet, wo ihn der Kaiser mit Ehren und Reichtümern überhäufte.

Da erst erkannte el-Walid, daß er einer raffinierten List des Kaisers zum Opfer gefallen war, verfluchte den Verräter und beschwor den Zorn Allahs auf ihn herab.

Und in allen Ländern des Kalifen fand sich niemand mehr, der den Leuchtturm wieder aufbauen konnte.

Ohne das weithin sichtbare Wahrzeichen der Stadt strandeten immer mehr Schiffe in den flachen Gewässern vor der Nilmündung. Der Handel verlagerte sich wieder nach Byzanz, der Plan des Kaisers war aufgegangen. Alexandria wurde zu einer kleinen, unbedeutenden Hafenstadt.

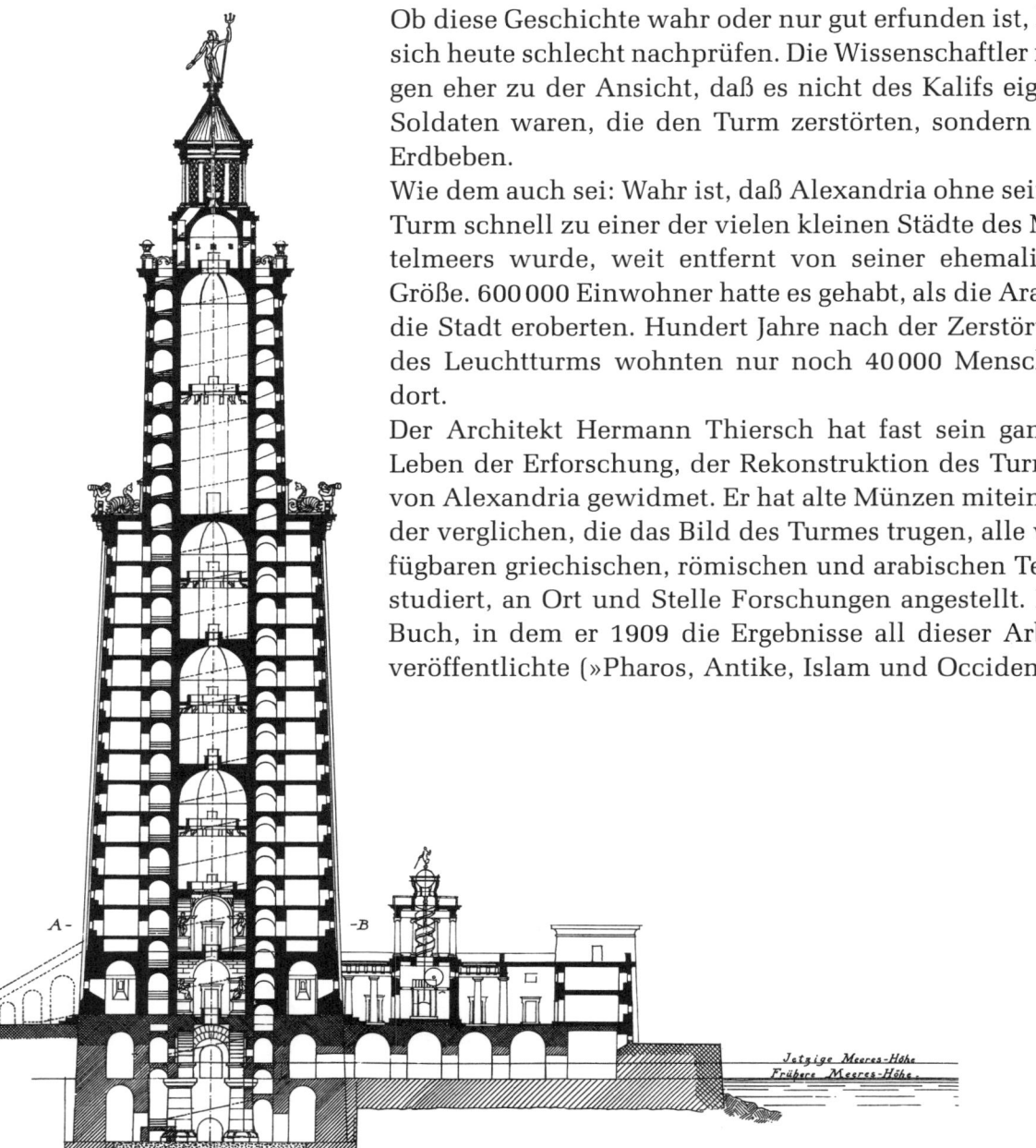

Ob diese Geschichte wahr oder nur gut erfunden ist, läßt sich heute schlecht nachprüfen. Die Wissenschaftler neigen eher zu der Ansicht, daß es nicht des Kalifs eigene Soldaten waren, die den Turm zerstörten, sondern ein Erdbeben.

Wie dem auch sei: Wahr ist, daß Alexandria ohne seinen Turm schnell zu einer der vielen kleinen Städte des Mittelmeers wurde, weit entfernt von seiner ehemaligen Größe. 600000 Einwohner hatte es gehabt, als die Araber die Stadt eroberten. Hundert Jahre nach der Zerstörung des Leuchtturms wohnten nur noch 40000 Menschen dort.

Der Architekt Hermann Thiersch hat fast sein ganzes Leben der Erforschung, der Rekonstruktion des Turmes von Alexandria gewidmet. Er hat alte Münzen miteinander verglichen, die das Bild des Turmes trugen, alle verfügbaren griechischen, römischen und arabischen Texte studiert, an Ort und Stelle Forschungen angestellt. Das Buch, in dem er 1909 die Ergebnisse all dieser Arbeit veröffentlichte (»Pharos, Antike, Islam und Occident«),

Jetzige Meeres-Höhe.
Frühere Meeres-Höhe.

gilt heute noch als das umfassendste Werk über den Pharos von Alexandria.

Thiersch weist nach, daß der Turm dreigeteilt war. Das unterste Stockwerk, etwa 60 m hoch, hatte einen quadratischen Grundriß.

Darauf erhob sich ein zweites Geschoß, 30 m hoch, von achteckigem Grundriß.

Auf diesem stand das letzte Stockwerk, das rund war: So sah also der Grundriß des gesamten Turms aus: ein Viereck, aus dem ein Achteck und schließlich ein Kreis wird.

Diese Stockwerkteilung war neu. Vorher war es üblich gewesen, Türme von rundem oder viereckigem Grundriß in einer Linie hochzuziehen.

Das Gebäude trug an den vier Ecken plastischen Schmuck: Vier Tritonen (Meeresdämonen, halb Mensch, halb Fisch), die in ein Muschelhorn bliesen, aus Bronze gegossen.

Auch auf der Spitze des Turms stand eine Bronzefigur, Poseidon, der Gott des Meeres. Diese Figur drehte sich im Lauf eines Tages einmal um ihre Achse. Möglicherweise diente die ausgestreckte rechte Hand des Bronze-Poseidons als Uhrzeiger.

Auf dem Turmquerschnitt, den Thiersch zeichnete, erkennt man, daß sich unmittelbar hinter den Außenmauern des Turms der Aufgang befand.

Keine Treppe, sondern eine spiralförmige, breite Rampe führte nach oben. Arabische Autoren schrieben, daß man so das Brennholz für das Leuchtfeuer auf Eseln bequem fast bis zur Spitze des Turms transportieren konnte.

Überhaupt war der Turm ein derartiges Wunderwerk, daß man ihn – stünde er noch – auch in unseren Tagen als Weltwunder feiern würde.

Zwei Beispiele dafür: Fast alle arabischen und einige

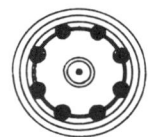

GRUNDRISS DER
LATERNE.

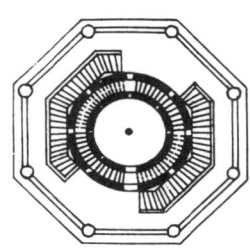

GRUNDRISS ÜBER
DER 2. PLATTFORM.

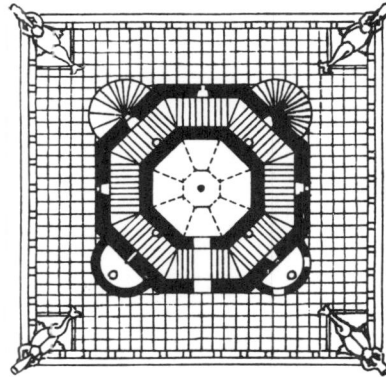

GRUNDRISS ÜBER
DER 1. PLATTFORM.

Links: Rekonstruktion des Pharos: Ein Längsschnitt, gezeichnet von August Thiersch.

Rechts: Nach der Vermutung und Berechnung von August Thiersch sah der Pharos so aus.

römische Historiker erwähnen, die Tritonen hätten immer angefangen, in ihre Muschelhörner zu tuten, bevor ein Schiff über dem Horizont aufgetaucht sei. Einige hielten das für Zauberei.

Es muß also schon damals eine Vorrichtung gegeben haben, unseren Nebelhörnern gleich, die in Gang gesetzt wurde, wenn die Leuchtturmwärter ein Schiff erspäht hatten, das sich dem Hafen näherte.

Daß sie das Schiff so früh sahen, verdankten sie einem komplizierten Spiegelsystem. Winzige Öffnungen in den Wänden des Turmoberbaus warfen ein auf den Kopf stehendes Bild des Meeres im dunklen Turminnern auf die gegenüberliegende Wand. (Das hat man viel später bei der »Camera obscura« des Mittelalters wiederentdeckt. Unsere heutigen Fotoapparate funktionieren nach diesem Prinzip.) Hängte man nun Spiegel (um 45 Grad geneigt) auf, warfen diese das Bild der sich nähernden Schiffe nach unten, so daß sie auf dem Boden des ersten Untergeschosses stark vergrößert zu sehen waren.

Diese als »Zauberspiegel« oder »Wunderspiegel« bezeichnete Anlage ist von vielen arabischen Autoren beschrieben worden. Zum Teil übertrieben sie allerdings maßlos, was die Kraft des Spiegels anging. Abd-allah, der Sohn des arabischen Eroberers von Ägypten, schreibt etwa:

»Es gibt vier Wunder in der Welt. Das höchste ist ein Spiegel, aufgehängt in dem Leuchtturm von Alexandria, unter dem einer sitzend die Leute von Byzanz sehen kann, und doch liegt zwischen beiden Punkten die Breite des Meeres.«

Andere Autoren behaupteten, man könne mit Hilfe des Spiegels bis Rom schauen.

Wenn die angegebene Sichtweite des Spiegels auch ins Reich der Märchen zu verweisen ist, so kann man doch

als gesichert annehmen, daß die Spiegel-Anlage wirklich bestand. Sonst hätten nicht so viele verschiedene Autoren aus aller Welt unabhängig voneinander darüber berichtet.

Thiersch geht sogar einen Schritt weiter: Er behauptet, daß man den ganzen Turm durch Einbau von geschliffenen Linsen zu einem Teleskop, zu einem riesigen Fernrohr, gemacht habe. Doch das ist reine Spekulation.

Wie der mit glänzenden Kacheln verkleidete Turm von Babel in den Märchen vom Glas- oder Diamantberg unerkannt fortlebt, hat auch der Leuchtturm von Alexandria vielen Märchen und Sagen als geheimes Vorbild gedient. Wer kennt nicht die vielen Geschichten, bei denen jemand in einen Zauberspiegel schaut, um Ereignisse an weit entfernten Orten zu erblicken!

Der Dichter Wolfram von Eschenbach beschreibt in seinem (um 1200 entstandenen) »Parzival« eine turmähnliche Säule. Sie ist der besondere Schmuck des Zauberschlosses. Ihr Schein leuchtet nämlich viele Meilen weit (wie ein Leuchtturm!), und in ihr kann man sehen, was in weitentfernten Ländern vorgeht:

> »So daß, was in dem Kreis geschieht
> Man alles in der Säule sieht,
> Es sei Geflügel, sei Getier.
> Wer fremd, wer heimisch im Revier
> Zu Wasser und Gefilde
> Erscheint im Spiegelbilde.«

Vergängliche Türme

In der japanischen Stadt Sapporo wird jedes Jahr das
Schnee-Festival abgehalten, bei dem man Türme und
Paläste kunstvoll aus Eis und Schnee baut.
Auch in unseren Breiten errichtet man zuweilen Türme
aus Schnee, wie das Bauwerk aus Davos zeigt.
Das berühmteste und schönste Eisgebäude stand im
kalten Winter 1739/40 vier Monate lang, ehe es schmolz:
Der Eispalast von St. Petersburg, den die russische
Zarin Anna errichten ließ. Der Palast wurde von zwei
Türmen flankiert, die man innen besteigen konnte.
Nachts leuchteten Hunderte von Kerzen hinter den
Turmfenstern aus durchsichtigem Eis.

Diese imposante Schneeburg stand
eine Zeitlang in Davos. Bis die
Sonne zu heiß wurde . . .

1. Wie sich die Schreibweise eines Wortes ändern kann

Bis etwa 1800 schrieb man unser heutiges Wort »Turm« so: Thurn.

Der junge Schiller, 1759 geboren, schrieb noch »der Thurn« und im Plural »die Thürnen«.

Nach 1800 hatte sich die Schreibweise »Thurm« durchgesetzt. Sehr zur Freude der Dichter, denn auf »Thurm« reimt sich immerhin »Sturm« und »Wurm«, während es für »Thurn« überhaupt kein Reimwort gibt.

Jetzt konnte Schiller im »Lied von der Glocke« schreiben:

> Hört ihr's wimmern hoch vom Thurm?
> Das ist Sturm!

Im Jahr 1901 faßte man in der Großen Deutschen Rechtschreibekonferenz dann den Entschluß, die Rechtschreibung zu vereinfachen, die Th-Worte sollten in Zukunft nur noch mit »T« geschrieben werden. So wurde aus dem »Thurm« der »Turm«, und dabei ist es bis heute geblieben.

2. Wie sich die Bedeutung eines Wortes ändern kann

Schlägt man im Grimmschen Wörterbuch von 1891 das Wort »türmen« nach (damals noch »thürmen« geschrieben), so liest man da: »Jemand in einen (Gefängnis-) turm setzen, werfen.«
Wenn es von jemandem hieß, er sei getürmt worden, so bedeutete dies, daß er ins Gefängnis geworfen wurde, die Freiheit verlor.
Schlägt man im großen Duden von 1963 das Wort nach, liest man dort: »türmen: ausreißen, flüchten.«
Wenn es von jemandem heißt, er sei getürmt, so bedeutet dies, daß er einem Gefängnis entflohen ist, die Freiheit gewann. So hat sich die Bedeutung eines Wortes genau ins Gegenteil verkehrt.

In Brehms Turmleben

In *Brehms Tierleben* finden wir Turmeule, Turmfalke, Turmfisch, Turmkrähe, Turmschnecke und Turmschwalbe.
Die Turmvögel haben ihren Namen von ihrem bevorzugten Nist- und Abflugplatz, dem Turm. Die Turmschnecke heißt so wegen ihres turmförmigen Gehäuses. (Sie wird von Sammlern wegen ihrer regelmäßigen, schlanken Form sehr geschätzt.)
Wie aber der Turmfisch (Cyprianus dobula, eine Karpfenart) zu seinem Namen kommt, wird in keinem Buch erklärt und wird wohl immer ein Geheimnis bleiben.

Türme aus anderen Kulturkreisen

Zwischen 610 und 632 stiftete der als Prophet verehrte Mohammed die Religion des Islam.

Die islamischen Gläubigen nennt man nach ihm Mohammedaner, auch Muslim oder Moslem. Fast eine Milliarde Menschen bekennen sich zu dieser Religion.

Ähnlich wie sich die christliche Religion in zwei Konfessionen spaltete, die sich dann heftig bekämpften, gibt es auch im Islam zwei Konfessionen, die Sunniten und die Schiiten, die zeitweise blutige Kriege gegeneinander führten.

Mohammed wurde 571 in Mekka geboren und starb am 8. Juni 632 in Medina. Mekka und Medina sind deshalb die heiligen Städte des Islam und das Ziel vieler Wallfahrer.

Nach Mohammeds Tod breitete sich der Islam rasch über die Grenzen Arabiens hin aus. Er hat in seinem Einflußbereich eine typische, unverwechselbare Baukunst hervorgebracht. Der christlichen Kirche entspricht die mohammedanische Moschee, dem Kirchturm das Minarett, der Moscheeturm.

»Minarett« ist die europäisierte Form des arabischen Wortes »Manara«. Manara wiederum bedeutet, wörtlich übersetzt, »Ort, wo das Licht brennt, das Feuer leuchtet«. Dieser Name gibt einen Hinweis auf das Vorbild für alle Minarette: den Leuchtturm von Alexandria, den berühmten Pharos.

Die Muslim waren nach der Eroberung der Stadt Alexandria vom Leuchtturm so begeistert (zumal es in der arabi-

Das Minarett

Links: Die Blaue Moschee in Istanbul mit ihren sechs Minaretten.

Der Muezzin ruft die Gläubigen von der Galerie des Minaretts zum Gebet. Holzschnitt aus dem 19. Jahrhundert.

schen Welt kaum Türme gab), daß sie den Namen, den sie ursprünglich dem Pharos gegeben hatten, auf alle Türme übertrugen. Auch auf die Moscheetürme, die sie später bauten.

Die Christen der damaligen Zeit riefen durch eine Holzklapper zu Gebet und Gottesdienst, die Juden durch ein Horn. Mohammed hatte angeordnet (um seine Religion von den anderen abzusetzen), daß ein Gebetsausrufer, der Muezzin, vom Dach eines Hauses aus zum Gebet rufen solle. Deshalb hatten die frühen Moscheen des 7. Jahrhunderts kein Minarett.

Nun entstanden unter dem Eindruck des Pharos in seiner Nachbarschaft, in Kairo, die ersten Minarette.

Wie ihr Vorbild waren sie in deutlich getrennte Geschosse unterteilt. Die ersten Minarette waren nicht nur dreigeschossig wie der Pharos, man übernahm sogar den Grundriß der einzelnen Geschosse: erst ein Viereck, dann ein Achteck, darauf ein Kreis. Erst in späterer Zeit wurden mehr als drei Geschosse üblich, die nach oben mit jedem Stockwerkabsatz schmaler wurden. Waren die ersten Minarette noch schmucklos und karg, so wurden sie später geradezu von Ornamenten, Mosaiken und Verzierungen überwuchert, so daß ihre Oberfläche manchmal wie ein kostbarer Teppich wirkt.

Von Ägypten aus trat das Minarett seinen Siegeszug durch die islamische Welt an. Nun erhielten auch die alten Moscheen in Mekka und Medina Türme, von deren Galerie aus der Muezzin fünfmal am Tag zum Gebet rief. Deutlich kann man zwischen den Minaretten des westlichen Islam (Ägypten, Tunesien, Marokko, später Spanien) und den persisch-türkischen unterscheiden.

Die im Westen haben fast immer ein viereckiges Untergeschoß, von dem aus vier-, acht- oder zwölfeckige Stockwerke emporsteigen, alle reich verziert.

Die Minarette des östlichen Islam sind fast immer rund, sehr schmal und ragen mit ihrer langen, aggressiven Spitze wie Riesenbleistifte in die Luft.

Während im Westen *ein* Minarett üblich war, höchstens zwei, werden die osmanischen Moscheen häufig von vier Minaretten umgrenzt.

In Istanbul steht die berühmte »Blaue Moschee« (1614 vollendet), die Ahmedije, die sogar sechs Minarette besitzt.

Von links:
Minarett in Tanger.
Minarett in Siut.
Minarett in Luxor.
Typisches Minarett aus der Türkei.

Dazu erzählt man sich folgende Geschichte:
Der Sultan Ahmed beauftragte seinen Baumeister mit
dem Bau einer großen Moschee (der nach ihm genannten
Ahmedije) und befahl ihm, der Moschee »altin« Minarette zu geben, was »goldene« Minarette heißt. Der Baumeister, der das vom Sultan zur Verfügung gestellte Geld
längst für den Bau der goldenen Kuppel ausgegeben
hatte, bei seinem Herrscher aber nicht wegen Geldforderungen in Ungnade fallen wollte, baute »alti«, das heißt
sechs Minarette. Später vom Sultan deswegen zur Rede
gestellt, behauptete er, er hätte sich leider verhört.
Der Sultan wiederum wurde wegen dieser sechs Minarette hart gerügt. Die einzige Moschee, die sechs Minarette aufwies, war bis dahin die heilige Moschee in
Mekka gewesen. Die Schriftgelehrten des Islam legten es
als Anmaßung und Lästerung aus, daß Ahmed seiner
Moschee ebenfalls sechs Türme gegeben hatte. Der
Sultan konnte den Frevel nur wieder gutmachen, indem
er in Mekka ein siebtes Minarett an die Moschee bauen
ließ. Auf diese Weise hatte Mekka seine alte Vormachtstellung wiedererlangt.

Ein Sonderfall: Die Spirale von Samarra

In der Nähe der kleinen Stadt Samarra im Irak steht eines
der merkwürdigsten Minarette. Es ist aus Ziegeln gebaut
und sieht aus wie eine riesige Schraube, die jemand – mit
der Spitze nach oben – in den Sand der Wüste gesteckt
hat. Eine Rampe, gerade so breit, daß man mit einem Esel
darauf reiten kann, zieht sich spiralenförmig vom Fuß
des Minaretts bis zur Spitze um das Bauwerk herum. Die
Einheimischen nennen den Turm die »Malwiye«, das
heißt die »Spirale«.
Die Malwiye ist sehr alt, sie wurde schon um 850 erbaut.

Damals gehörte der Turm zu einer großen Moschee, der größten der Welt. Die Moschee ist heute zerfallen. Ihre Ruinen waren mehr als tausend Jahre unter Sandverwehungen verschwunden. Erst zu Beginn unseres Jahrhunderts wurden sie ausgegraben.

Die Geschichte der alten Stadt Samarra (und damit die der Malwiye) hört sich an wie ein Märchen aus »Tausendundeine Nacht«.

Seit 750 war Bagdad die Hauptstadt der islamischen Welt. In Bagdad wohnten und regierten bis 1258 die Kalifen aus dem Geschlecht der Abbasiden. Der berühmteste unter ihnen war Harun-al-Raschid. In zahlreichen orientalischen Geschichten und deutschen Märchen wird von ihm und seinen Taten berichtet.

Harun-al-Raschid machte Bagdad zu einer blühenden, reichen und weithin berühmten Stadt, die Künstler und Gelehrte aus vielen Ländern anlockte.

Als er starb, entbrannte ein heftiger Streit um seine Nachfolge. Mutasim, sein ältester Sohn, forderte den Thron, denn es war Sitte, daß der älteste männliche Nachkomme eines Kalifen dessen Macht erbte.

Aber die Lieblingsfrau des verstorbenen Herrschers, die großen Einfluß bei Hof hatte, ließ den zweitältesten zum neuen Kalifen ernennen. Denn der zweitälteste war ihr eigener Sohn, Mutasim aber der Sohn einer Sklavin, die Harun-al-Raschid in Persien gekauft hatte.

Der Sohn der Lieblingsfrau blieb nicht lange an der Macht. Er wurde ermordet, und so kam Mutasim doch noch auf den Thron. Von Kalif Mutasim ist wenig überliefert. Das Bemerkenswerteste an seiner Regierungszeit ist die Tatsache, daß er ein paar Tagesreisen nördlich von Bagdad heimlich eine neue Hauptstadt errichten ließ, in deren Mitte, neben der Moschee, eine prächtige Palastanlage entstand, mit schattigen Innenhöfen, vielen hundert

Die Spirale von Samarra.

Die »Malwiye« von oben gesehen.

Springbrunnen, einem Poloplatz und einer großen Pferderennbahn.

Dieser Stadt gab er den Namen »Surra-Man-Raa«, zu deutsch: »Glücklich, wer dich sieht«. Im Lauf von tausend Jahren hat sich dieser Name in »Samarra« gewandelt.

Kaum war die neue Stadt gebaut, mußten alle Einwohner Bagdads dorthin umziehen.

Die alte Hauptstadt wurde zu einer Geisterstadt, mit menschenleeren, stillen Gassen, durch die nun der Wind fegte. Langsam zerfielen die Häuser. In ehemaligen Frauengemächern nisteten Tauben, in den Basaren und Kaufhallen hausten nur noch Ratten und Katzen, und verwilderte Hunde schliefen im ehemaligen Kalifenpalast.

Lange konnte sich Kalif Mutasim an seiner neuen Stadt nicht erfreuen, er starb vier Jahre später in seinem Palast. Nachfolger wurde sein Sohn Gafar, der als Kalif al-Mutawakkil hieß und bald den Beinamen »der Baulustige« trug. Er hatte die Baufreude seines Vaters geerbt, stellte neben die neue Moschee eine zweite, viel größere, die mit 445 m Länge die größte der Welt war, und ließ nicht weit davon ein seltsames Minarett in Form einer Spirale errichten, die Malwiye.

Aber nicht genug damit: Kalif al-Mutawakkil hatte wohl nicht nur die Bauwut seines Vaters geerbt, sondern auch dessen Vorliebe fürs Umziehen.

Der arabische Geschichtsschreiber Yaqubi, ein Zeitgenosse Mutawakkils, berichtet, daß der Kalif nach zehnjähriger Regierungszeit beschloß, »eine neue Stadt zu bauen, die nach ihm benannt werden solle, damit sein Name für alle Zeit erhalten und sein Andenken gewahrt bliebe«.

Im Jahr 860 setzten die Arbeiten an einem Bauplatz nördlich von Samarra ein. Schon nach einem Jahr waren die

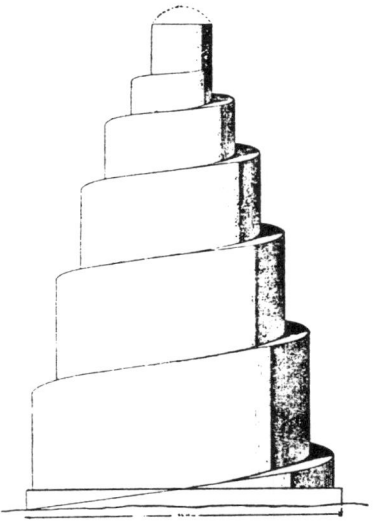

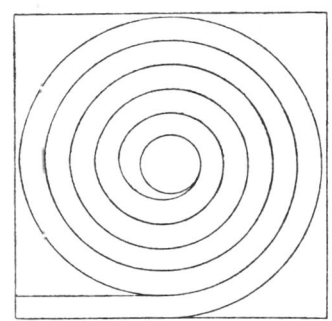

Die »Malwiye«: Aufriß und Grundriß.

Gebäude fertig: Tausende von Wohnhäusern, ein neuer Palast, eine neue Moschee (die zweitgrößte der Welt) und eine neue Malwiye. Der Kalif gab der Stadt den Namen al-Gafariya.

Am 17. März 861 übersiedelten alle Einwohner Samarras mit Sack und Pack nach al-Gafariya. Noch im gleichen Jahr wurde Mutawakkil in seinem Palast ermordet.

Sein Sohn, Nachfolger und mutmaßlicher Mörder, verfügte, daß die neue Stadt sofort aufgegeben werde. Und die geduldigen Untertanen packten ihre Habe und zogen nach Samarra zurück. Auf Befehl des neuen Kalifen wurden viele der neuen Gebäude, darunter der Palast, Stein für Stein abgetragen und das Baumaterial nach Samarra mitgenommen.

»Die Stätte lag brach, nicht eine Seele oder ein Lebewesen gab es mehr dort«, schreibt Yaqubi über al-Gafariya. »Die Häuser standen verlassen, als wären sie nie bewohnt gewesen, und sie zerfielen.«

Es dauerte noch zwei Jahrzehnte, dann teilte Samarra das Schicksal dieser Stätte. Denn als der neue Kalif gestorben war, führte dessen Nachfolger die Bewohner Samarras in die alte Hauptstadt Bagdad zurück und ließ sie die zerfallenen Häuser wieder aufbauen.

»Und auch Surra-Man-Raa war bald nur noch der Schatten eines Traumes«, schreibt Yaqubi am Ende seines Lebens. Als junger Mann hatte er mit allen anderen Bagdad verlassen müssen, um nach Samarra zu ziehen, war dann von Samarra nach al-Gafariya gezogen, wieder zurück nach Samarra, um nun endlich, als alter Mann, wieder an die Stätte seiner Kindheit zurückzukehren.

Im Jahr 1911 wollte der deutsche Archäologe Herzfeld ein kleines Ziegeltürmchen ausgraben, das er im Irak, in der Nähe eines Dorfes mit Namen Samarra, aus einer Sanddüne ragen sah. Zu seiner Überraschung verbreiterte sich das Türmchen in spiralförmigen Windungen immer mehr, je tiefer er graben ließ. Schließlich hatte man nach monatelangen Arbeiten einen hohen Turm ausgegraben, die Malwiye, und damit erste Überreste der sagenhaften Stadt Surra-Man-Raa entdeckt.

Die Geschichte von der heimlich gebauten Stadt, die nördlich von Bagdad errichtet und bald wieder verlassen wurde, war aus den Schriften Yaqubis bekannt. Aber man hatte Yaqubis Aufzeichnungen für orientalische Märchen oder doch wenigstens für Übertreibungen gehalten. Nun fand Herzfeld nach und nach die Mauern einer gigantischen Moschee, des Palastes, dann Stadtmauern von insgesamt 90 km Länge, und konnte so der staunenden Welt beweisen, daß sich die Geschichte genau so zugetragen hatte, wie sie erzählt wird. Es ist viel darüber gerätselt worden, was Mutasim wohl damals veranlaßt hatte, die große, berühmte und prächtige Stadt Bagdad aufzugeben und nach Samarra überzusiedeln.

Was ihn letztlich dazu gebracht hat, wird man heute, mehr als tausend Jahre später, nicht mehr klären können. Natürlich ist man versucht, darüber Theorien aufzustellen. Aus den wenigen bekannten Tatsachen kann man ohne große Anstrengung zwei grundverschiedene Standpunkte entwickeln: Mutasim, der größenwahnsinnige Emporkömmling, der sich unbedingt einen Namen machen wollte, oder Mutasim, der weise Kalif, der das beste aus seiner Lage machte. Es kommt nur auf den Blickwinkel an.

Und da es im Grund genommen bei allen historischen Berichten auf den Standpunkt des Berichterstatters ankommt, sollen hier einmal beide Möglichkeiten nebeneinandergestellt werden. So kann jeder Leser selbst aussuchen, was er für »wahr« hält.

1. Die Geschichte von Kalif Mutasim, dem Größenwahnsinnigen

Nach dem Tod Harun-al-Raschids kam sein zweitältester Sohn, der rechtmäßige Nachfolger, auf den Thron.

Aber dessen Halbbruder Mutasim, der nur der Sohn einer persischen Sklavin war, ließ ihn durch seine türkischen Söldner ermorden und wurde so Kalif.

Der Sohn der Sklavin verlor schnell den Sinn für alles Maß. Berauscht von seiner unbeschränkten Macht ließ der »Beherrscher der Gläubigen« seinen Launen freien Lauf.

Sein Ehrgeiz war es, daß sein Name von aller Welt gerühmt und niemals vergessen werde. Deshalb beschloß er, eine neue Stadt zu bauen, die Bagdad an Glanz und Ruhm übertreffen sollte.

Er ließ Handwerker aller Art zu sich rufen, verpflichtete sie zu strengstem Stillschweigen und schickte sie an einen geheimen Platz, einige Tagesreisen nach Norden. Dort sollte die neue Stadt entstehen.

Auf seinen Befehl hin machten sich bewaffnete Karawanen nach Ägypten auf, plünderten die Tempel, raubten christliche Kirchen aus und schafften Säulen, Bildwerke, kostbare Steine und allerlei Kunstwerke zum geheimen Bauplatz. Auch Holz wurde aus allen Himmelsrichtungen herangeschafft, Teakholz aus Afrika und Palmenholz aus Basra.

Und an dem Platz nördlich von Bagdad entstand wirklich eine große Stadt mit einer Moschee und einem prächtigen Palast. Der Kalif gab ihr den Namen Surra-Man-Raa.

Als sie fertiggebaut war, befahl er allen Einwohnern Bagdads unter Androhung der Todesstrafe, ihre Habe zu packen, die Vaterstadt für immer zu verlassen und sich auf den Weg nach Norden zu machen.

Die gefürchteten türkischen Söldner des Kalifen setzten diese Forderung mit viel Gewalt durch. Niemand durfte in der Heimat bleiben, weder Greis noch Kind, weder Kranke noch Wöchnerinnen. Auf solche Weise verpflanzte Mutasim mehrere Hunderttausend von einem Tag auf den anderen aus Bagdad nach Surra-Man-Raa.

Aber die neue Stadt brachte ihm kein Glück, er starb wenig später. Und einer seiner Nachfolger führte die Stadtbewohner wieder nach Bagdad zurück.

Die zerfallenen Häuser dort waren schnell wieder aufgebaut, die Schäden behoben, und wenig später hatte Bagdad seinen alten Glanz und seine alte Größe wiedergewonnen.

Surra-Man-Raa aber geriet in Vergessenheit und verschwand unter dem Sand. Und mit der Stadt verschwand auch der Name des Kalifen aus dem Gedächtnis der Menschen.

2. Die Geschichte vom klugen und friedfertigen Kalifen Mutasim

Mutasim war der älteste Sohn Harun-al-Raschids. Zwar war er nicht Kind einer der rechtmäßigen Frauen des Kalifen, sondern nur der Sohn einer Sklavin. Aber Harun-al-Raschid hatte ihn immer als seinen Sohn und Erben anerkannt.

Das zeigte sich zum Beispiel daran, daß Mutasim schon zu Lebzeiten seines Vaters den Oberbefehl über die türkischen Söldner erhalten hatte. Durch eine Verschwörung bei Hofe wurde aber nicht er der neue Kalif, sondern sein Halbbruder, der zweitälteste Sohn.

Als der neue Kalif seinen Bruder auch noch verächtlich machte und ihn öffentlich »Sohn der Sklavin« schimpfte, kam es zu einem Aufstand der türkischen Söldner. Sie ergriffen Partei für ihren Oberbefehlshaber, töteten seinen Halbbruder und machten so Mutasim zum neuen Beherrscher der Gläubigen.

Die Lage in Bagdad war schon vor der Machtübernahme Mutasims äußerst gespannt gewesen. Nun hatte sie sich durch den Aufstand der Söldner noch mehr zugespitzt. Raubüberfälle, Plünderungen und Morde an der Stadtbevölkerung häuften sich. Harun-al-Raschid hatte jedes Jahr zur Verstärkung seines Heeres Tausende von jungen Türken in Samarkand gekauft. Sie hatten für ihn auf seinen Feldzügen gegen Byzanz gekämpft und lebten nun, da zwischen Byzanz und Bagdad Waffenruhe herrschte, in der Stadt.

Diese Söldner wurden zu einer gefährlichen Macht in Bagdad. Harun-al-Raschid konnte ihnen nichts entgegensetzen, die Zahl der Söldner übertraf inzwischen die der einheimischen Soldaten. Die Übergriffe auf die Stadtbevölkerung häuften sich. Nur Mutasim, ihr Oberbefehlshaber zu Harun-al-Raschids Zeiten, jetzt ihr oberster Herrscher und Kalif, konnte sie noch mühsam im Zaum halten. Aber er sah den Zeitpunkt voraus, wo sie auch seiner Kontrolle entgleiten würden.

Er glaubte, daß nur ein Ortswechsel die alte Ordnung wiederherstellen könne. Bagdad war zu unübersichtlich, war verwinkelt, verbaut, nicht planmäßig angelegt. Die Quartiere der Söldner und der Einheimischen waren einfach nicht zu trennen. So machte er sich an das schwierige und phantasievolle Unternehmen, eine völlig neue Hauptstadt zu bauen. Er rief alle Künstler und Handwerker der Stadt zusammen und erläuterte ihnen seinen Plan von einer neuen, sicheren und schöneren Stadt.

Die gefährlichen türkischen Söldner schickte er erst einmal für lange Zeit außer Landes und sorgte so für Ruhe. Er gab ihnen den Auftrag, nach Ägypten zu reiten und dort aus den alten, bereits zerfallenden Tempeln Säulen, Marmor und schöne Steine zu holen.

Die Söldner taten das, raubten aber auch christliche Kirchen aus und schleppten etwa die kunstvollen Steinfußböden der Wallfahrtskirche St. Menas in Nordafrika, in Teile zerlegt, mit sich nach Bagdad. Als Mutasim davon erfuhr, ließ er die christlichen Mönche dafür reich entschädigen, wie Yaqubi erstaunt und ein bißchen befremdet berichtet. Denn die Christen galten als Ungläubige, und es war nicht üblich, sie für Enteignungen zu entschädigen.

Schließlich war die neue Stadt Surra-Man-Raa gebaut, mit einem kunstvollen Palast, einer schönen, großen Moschee und hunderttausend Häusern, in die Bagdads Bevölkerung nun einzog.

Mutasim brachte die gefürchteten türkischen Söldner außerhalb der Stadtmauern in kasernenähnlichen Anlagen unter, getrennt von der arabischen Einwohnerschaft. So gab es in der neuen Residenz von Anfang an weder Plünderungen noch Raubüberfälle. Die Stadt konnte sich friedlich entwickeln (zumal es während der Regierungszeit Mutasims keinen Krieg gab) und trug ihren Namen mit Recht: Surra-Man-Raa, »Glücklich, wer dich sieht«!

Als Mutasim gestorben war, zwang einer seiner Nachfolger die Einwohner der Stadt, nach Bagdad zurückzukehren, ihre schönen neuen Häuser zu verlassen und die alte Stadt wieder mühsam aufzubauen. So zerfiel der schöne Palast, dann die Moschee; nur ein Minarett, die Malwiye, blieb wie durch ein Wunder erhalten.

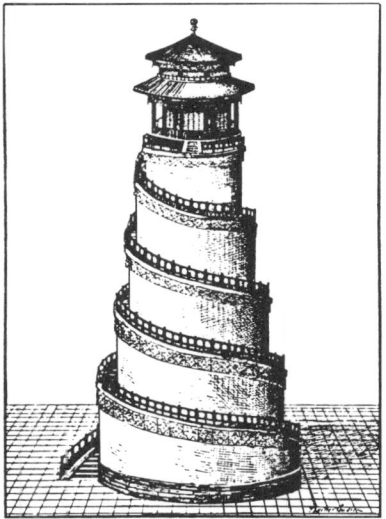

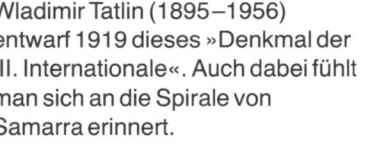

Wladimir Tatlin (1895–1956)
entwarf 1919 dieses »Denkmal der
III. Internationale«. Auch dabei fühlt
man sich an die Spirale von
Samarra erinnert.

Rechts oben: Auf der Landesgar-
tenschau in Freiburg 1986 erregte
dieser Aussichtsturm Aufsehen.
Er könnte der Malwiye nach-
empfunden sein.

Tai-Turm aus Nordwestchina
mit spiralförmiger Rampe.

Der Stupa

Der Buddhismus ist die erste Weltreligion in der Geschichte der Menschheit.

Der Religionsgründer Gautama Siddhartha, genannt Buddha (der Erleuchtete), lebte ein halbes Jahrtausend vor Christus (ca. 563–480 v. Chr.) in Indien.

Obwohl der Buddhismus keine aufdringliche Mission betrieb und sich auch nie (wie Christentum oder Islam) mit der politischen Macht verbündete, um seinen Einflußbereich durch Krieg oder durch Zwang zu vergrößern, breitete er sich mit sanfter Überzeugungskraft, gewissermaßen durch Mundpropaganda, von Nordindien zunächst über ganz Indien aus, nach Ceylon, Nepal, Indonesien, Burma, Thailand, Kambodscha, Vietnam, China, Japan und Korea.

Was im Christentum Kirche und Kirchturm sind, im Islam Moschee und Minarett, sind im Buddhismus Tempel und Stupa.

Im Gegensatz zu Kirchturm und Minarett ist der Stupa aber nicht von innen zu besteigen, nicht einmal zugänglich, er ist völlig massiv.

Der erste Stupa wurde als Grabmal über der letzten Ruhestätte Buddhas errichtet, später war er Gedächtnisstätte (gebaut an allen Orten, die im Leben Buddhas bedeutsam waren), schließlich wurde der Stupa selbstverständlicher Bauteil jeder Tempelanlage.

Die ersten Stupas sahen so aus:

Über einem kreisrunden Grundriß stieg eine Halbkugel empor, auf der ein kastenförmiger Aufbau stand. Dieser Aufbau wurde überragt von einem Pfosten mit drei waagrechten, flachen Schirmen. Eine Legende erzählt, Buddha selbst habe die Anweisung gegeben, wie man einen Stupa bauen solle.

Er nahm seine drei Gewänder, faltete sie vielfach zusammen und legte sie übereinander auf die Erde. Das größte

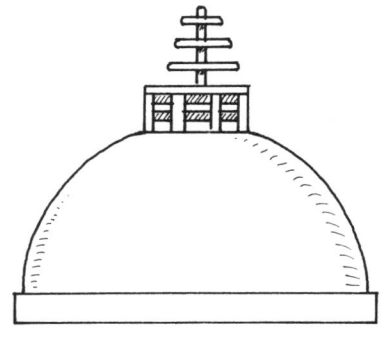

GRUNDFORM DES
STUPA

zuunterst, das kleinste zuoberst. Dann legte er seine Bett-
lerschale auf die Kleider, steckte seinen Bettlerstab auf
die Spitze und sagte: »So macht man einen Stupa!«
Im Lauf der Zeit änderte sich die simple, einfach zu
beschreibende Grundform des Stupa. Die Halbkugel
streckte sich, wurde glockenförmig oder zum Zylinder,
bekam Einkerbungen oder verjüngte sich zu einer Spitze.
Aus den drei Schirmen auf der Spitze wurden immer
mehr (wichtig war nur, daß es eine ungerade Anzahl sein
mußte), auch sie wurden nach oben hin immer schmaler,
wuchsen zuweilen zusammen.

Buddhistische Grabmäler in Sanchi
(Indien).

Verschiedene Stupa-Formen:

Oben links: Pagode in Rangun (Birma).

Oben rechts: Drachenpagode bei Amarapura, die chinesischen Einfluß verrät.

Unten: Pagoden aus der königlichen Tempelstadt in Thailand.

Rechte Seite:
Links: Spitze der Schwe-Dagon-Pagode.

Rechts oben: Bajon-Tempel von Angkor Thom in Kambodscha.

Unten: Die Schwe-Dagon-Pagode in Rangun. Sie ist vergoldet. In die Spitze sind Edelsteine und Buddhas Kopfhaare eingelassen.

Bald bestand eine fast unübersehbare Fülle von Formen, von Landschaft zu Landschaft wechselnd, von Staat zu Staat. Auch der Name änderte sich mit dem Land, der anderen Sprache: In Ceylon nennt man den Stupa »Dagoba«, in Thailand »Chedi«, in Kambodscha »Prang«, in Birma gar »Pagoda«, was sehr verwirrend ist, da es zu Verwechslungen mit der chinesischen Pagode führt.

Man erkennt unschwer aus dieser Aufzählung, daß es zu weit führen würde, wollte man all die verschiedenen Formen und ihre Herkunft beschreiben. So sollen hier einfach einige charakteristische Stupas aus buddhistischen Ländern gezeigt werden.

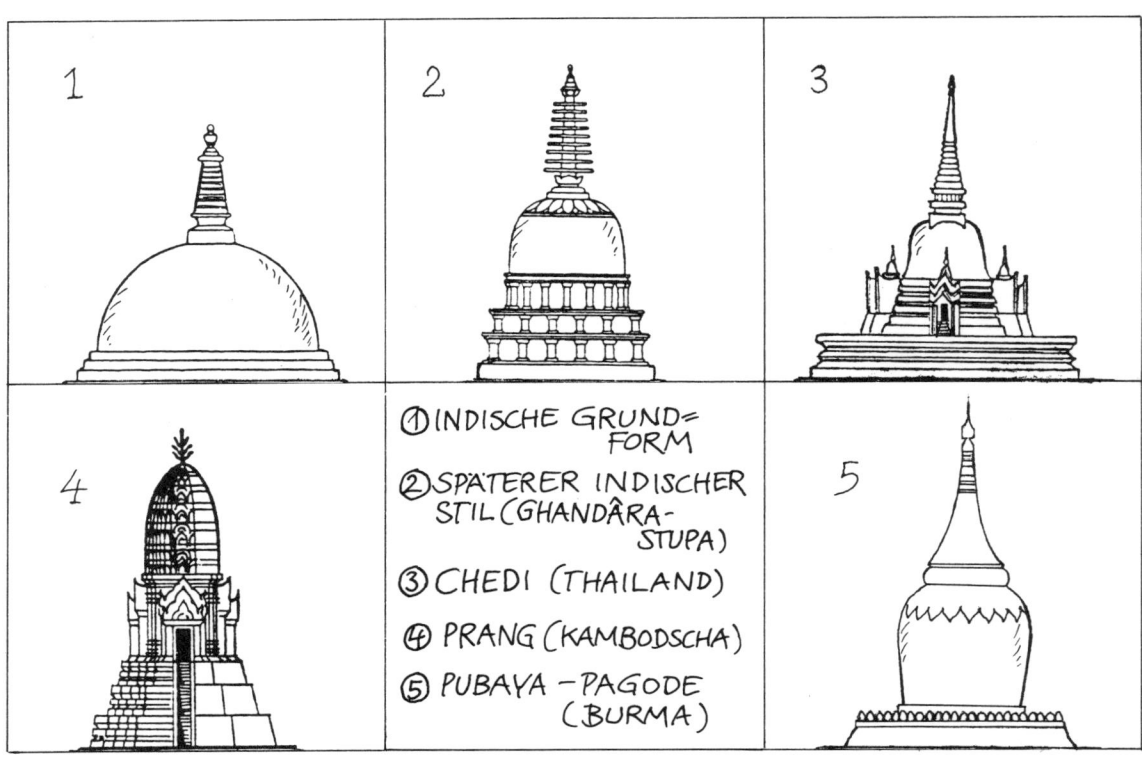

1

2

3

4

① INDISCHE GRUND=
      FORM

② SPÄTERER INDISCHER
    STIL (GHANDÂRA-
               STUPA)

③ CHEDI (THAILAND)

④ PRANG (KAMBODSCHA)

⑤ PUBAYA – PAGODE
       (BURMA)

5

Warum die größte Pagode der Welt nicht vollendet wurde

Im Jahr 1790 beschloß Bawdawpaya, König von Birma, in seinem Land das höchste Bauwerk der Welt bauen zu lassen, einen Stupa von 160 m Höhe (den man in Birma ja – wie wir gehört haben – Pagoda oder Pagode nennt).

Vorher hatte er Boten in alle Welt geschickt, Erkundigungen eingeholt, reisende Kaufleute und englische Gesandte befragt und so erfahren, daß es im fernen Europa einen Turm gab, der als der höchste der Welt galt und 142 m hoch war (der Münsterturm zu Straßburg).

Seine Pagode sollte dieses Bauwerk übertreffen.

Zuerst ließ er ein Modell des Turmes bauen, die sogenannte Pondaw-Pagode. Sie ist nur fünf Meter hoch und steht heute noch am Ufer des Irrawaddy-Flusses.

Wie man am Modell erkennt, sollte die Pagode in Form eines Stupa gebaut werden: Über fünf Terrassen von je fünf Meter Höhe würde sich das würfelförmige Untergeschoß erheben, darüber der glockenförmige Oberbau, von einer steil aufragenden Spitze gekrönt.

Das Modell fand Gnade vor den Augen Bawdawpayas, und der König steckte eigenhändig in der Nähe des Dörfchens Mingun ein Quadrat ab: Jede Seite war 150 m lang. Das war der Grundriß des geplanten Bauwerks. (Zum Vergleich: Ein Fußballfeld in einem modernen Bundesligastadion ist im Durchschnitt 100 m lang und 50 m breit.)

Die Pondaw-Pagode, das 5 m hohe Modell für die größte Pagode der Welt, steht am Ufer des Irrawaddy.

Dann befahl Bawdawpaya seinem Volk, unverzüglich an die Arbeit zu gehen, und zog sich nach Amarapura in seinen Palast zurück.

Das Untergeschoß sollte massiv aus Ziegelsteinen gemauert werden. Über die ganze Fläche von 22 500 qm mußte Backstein neben Backstein verlegt werden, Schicht auf Schicht. Von Zeit zu Zeit geruhte der König, nach dem Fortgang der Arbeiten zu schauen. Alles ging ihm viel zu langsam. Immer mehr Männer wurden zu den Bauarbeiten zwangsverpflichtet. Bald arbeitete die Hälfte der Bevölkerung für den Turm. Nach sieben Jahren war das Bauwerk mehr als 50 m hoch. Eine einfache Rechnung soll einmal klar machen, was dies bedeutet:

Die Grundfläche des Turmes beträgt 22 500 qm. Die Ziegelsteine, die man für die Pagode verwendete, waren übergroß: 40 mal 20 cm. (Größer als ein Blatt Schreibmaschinenpapier, mindestens dreimal so groß wie unsere normalen Backsteine.) Folglich brauchte man für einen Quadratmeter zwölfeinhalb Steine. Für die allererste, allerunterste Ziegelschicht verbaute man also schon 270 000 Steine. War das Bauwerk einen Meter hoch, hatte man bereits 5 320 000 Ziegelsteine verarbeitet.

Für jeden Meter, den die Pagode in die Höhe wuchs, mußten also mehr als fünf Millionen Ziegelsteine geformt, getrocknet, gebrannt, zur Baustelle transportiert, hochgetragen und aufgemauert werden!

Bei einer Turmhöhe von 50 m waren es schon mehr als 100 Millionen Backsteine.

Die Bevölkerung stöhnte unter der Arbeitslast. Der Reis verfaulte auf den Halmen, weil niemand da war, der ihn ernten konnte. Die Felder verkamen, eine Hungersnot brach aus, die Lage spitzte sich immer mehr zu.

Trotzdem wagte keiner, gegen den König und seinen größenwahnsinnigen Plan aufzubegehren. Bawdawpaya

war gefürchtet wegen seiner unmenschlichen Strenge und Grausamkeit. Hatte er doch seine Regierung damit begonnen, daß er seine Brüder und deren Frauen lebendig verbrennen ließ, damit ihm niemand seine Macht streitig machen konnte.

Als bald darauf noch das Schicksal des Glockengießers bekannt wurde, der die Glocke für die Pagode entworfen und gebaut hatte, steigerte sich die allgemeine Furcht vor Bawdawpayas Macht und Willkür noch mehr.

Gleich bei Baubeginn hatte der König nämlich eine gigantische Glocke in Auftrag gegeben. Vier Meter sollte sie hoch sein, den Maßen des Bauwerks entsprechend.

Lange fand sich kein Glockengießer, der sich zutraute,

Der Sockel der unvollendet gebliebenen Pagode. Er ist massiv und 50 m hoch. 1838 wurde er durch ein Erdbeben beschädigt.

Die riesige Glocke in Mingun.

eine so große Form zu bauen, eine so riesige Glocke zu gießen. Schließlich meldete sich ein berühmter Bildhauer aus dem Süden, der es wagen wollte.

Das Werk gelang beim ersten Versuch. Die riesige Glocke hängt noch heute in einer offenen Halle in Mingun und wird regelmäßig angeschlagen. Sie wird, mit 4 m Höhe und 87 Tonnen Gewicht, nur von der Glocke im Moskauer Kreml übertroffen. Aber die Moskauer Glocke steht als reines Schaustück auf einem Steinsockel. Sie ist nämlich gesprungen. So ist die Mingun-Glocke die größte tönende Glocke der Erde.

Nach dem gelungenen Guß ließ Bawdawpaya den Meister zu sich rufen und befragte ihn eingehend, ob er sich zutraue, ein Werk von dieser Größe ein zweitesmal zu schaffen. Als der überglückliche Glockengießer das bejahte, ließ ihn der König auf der Stelle von seinen Leibwächtern umbringen. So wollte er verhindern, daß er ein ähnliches Werk an anderer Stelle wiederholte.

Es war nur zu verständlich, daß niemand es wagte, König Bawdawpaya entgegenzutreten, um ihm seine Vermessenheit und die Not seines Volkes vor Augen zu führen. Sieben Jahre hatte man für das erste Drittel der Pagode gebraucht. Vierzehn weitere Jahre des Hungers und der Zwangsarbeit schienen bevorzustehen.

Ein Priester und weiser Mann, der den Leiden des Volkes ein Ende setzen wollte, fand schließlich den rettenden Ausweg.

Er besaß das Vertrauen des Königs, da er schon mehrmals zu dessen Zufriedenheit das Orakel befragt und ihm die Zukunft vorausgesagt hatte.

Als er nun wieder von Bawdawpaya aufgefordert wurde, ihm zu weissagen, verkündete er dem König folgenden Orakelspruch: »Wenn die Pagode vollendet ist, wird das Reich Bawdawpayas untergegangen sein!«

Noch in der gleichen Stunde gab der König den Befehl, die Arbeiten am Turm unverzüglich einzustellen.

Die Arbeiter kehrten in ihre Dörfer zurück, brachten die Ernte ein, setzten ihre Häuser instand und gingen wieder ihrer Beschäftigung als Bauer, Händler oder Handwerker nach.

Die unvollendete Pagode war nun ohne oberen Abschluß schutzlos den Kräften der Natur ausgesetzt. Wasser drang in den Bau ein, Risse bildeten sich, Ziegelsteine bröckelten ab.

1838 erschütterte ein schweres Erdbeben ganz Südostasien. Es fügte dem Bau schwere Schäden zu.

Heute, zweihundert Jahre nach Baubeginn, ist die Ruine trotzdem noch fünfzig Meter hoch. Und sie ist immer noch das größte Ziegelbauwerk der Erde.

Die Pagode

Eine Sonderform des Tempelturms bildete sich in China heraus: die Pagode.

Im Gegensatz zu Indien, wo der Stupa die einzige gebräuchliche Turmform darstellte, kannte China bereits in vorbuddhistischer Zeit Wehr-, Aussichts- und Wohntürme. Man nannte sie »T'ai«. Ein T'ai besaß in der Regel mehrere Stockwerke, die durch geschwungene, weit vorspringende Dächer voneinander getrennt waren. Zwar hat keiner dieser frühen Türme die Zeiten überdauert. Man kennt sie aber trotzdem, weil man von ihnen Keramik-Modelle anfertigte, die erhalten geblieben sind.

Die Chinesen übernahmen mit dem Buddhismus zunächst auch den Stupa von den Indern. Aber bald paßten sie ihn ihren Baugewohnheiten an. Aus dem Stupa wurde die Pagode.

Den Übergang kann man gut an dem Turm auf dem Berg Sung (Provinz Honan) beobachten. *(Abb. nächste Seite links)*

Vom indischen Stupa ist der langgestreckte, glockenförmige Oberbau geblieben, mit dem steinernen Pfosten auf der Spitze, der die waagrechten Scheiben trägt. Typisch für seine Herkunft vom Stupa ist auch, daß der Bau — zumindest in seinem oberen Teil — massiv ist.

Vom chinesischen T'ai dagegen kommt die Vorliebe für die hier nur scheinbar vorhandene Stockwerkeinteilung. Mit Hilfe von falschen Dächern (in Wirklichkeit Gesimsen) und von blinden, falschen Fenstern, die man in den Stein gemeißelt hat, versucht man den Eindruck zu erwecken, der Turm hätte Geschosse und sei innen hohl. Von hier aus führt nur ein kleiner Schritt zur späteren, typischen chinesischen Pagode: Sie ist ein echter Turm, innen mit einer Treppe versehen, meist bis zur Spitze besteigbar. Außerdem ist sie nicht mehr rund wie ein Stupa, sondern achteckig. In der Regel ist sie aus Ziegel-

Keramik-Modell eines Türmchens der Han-Dynastie.

Oben: Pagode des Sung-Jüeh-Tempels auf dem Sung-Berg in Honan. Sie ist der älteste erhaltene Ziegelbau Chinas.

Links: Pagode auf den Westbergen bei Peking.

New Pagode bei Tien-Hsiang / Hualien in der Tarokkoschlucht in Taiwan.

steinen gemauert und anschließend verputzt oder mit Fliesen verkleidet.

Durch diese Außenverkleidung können Pagoden ganz unterschiedliche, eigenartige Wirkungen hervorrufen. Einige wirken ernst und düster, wie die dunkelbraune Eisenglanzpagode, deren Kacheln mit Eisenoxyd glasiert sind; die meisten heiter und verspielt, wie die oft beschriebene weiße Porzellanpagode in Nanking, die leider einem Brand zum Opfer fiel. Die Vordächer der einzelnen Stockwerke ragen weit vor, sind oft leicht nach oben gewölbt, so daß der Blick des Betrachters nicht wie bei europäischen Türmen jäh nach oben zur Spitze geführt, sondern immer wieder durch eine Waagrechte

festgehalten wird, die den Aufwärtsdrang des Turmes bremst und den Blick nach außen lenkt.

Der Beschauer zählt die Stockwerke, hört den kleinen Porzellanglocken zu, die an den Dachspitzen im Wind bimmeln, fühlt sich entspannt und fröhlich gestimmt. Kein Wunder, daß die chinesischen Türme auch von den Europäern geliebt und nachgebaut wurden. In zahlreichen Schloßparks des 18. und 19. Jahrhunderts entstanden zierliche Pagoden, in denen feine Herrschaften aus hauchdünnen Porzellantassen Tee tranken.

Zuweilen greift man dort allerdings auch zum Bier, wie im »Chinesischen Turm«, der geradezu das Wahrzeichen des Englischen Gartens in München geworden ist.

Links: Der dreistöckige Hokki-Tempel in Nara / Japan.

Rechts: Die Pagode im Schloßpark von Chanteloup, Frankreich, erbaut im Jahr 1774.

9,60
1,89
2,09
1,70
1,39
2,15
1,70
1,05
1,03
1,55
2,15
1,31
1,14
1,68
2,18
1,60
1,18
1,79
1,90
2,27
3,15
4,23
1,09
0,98
1,66
33,55

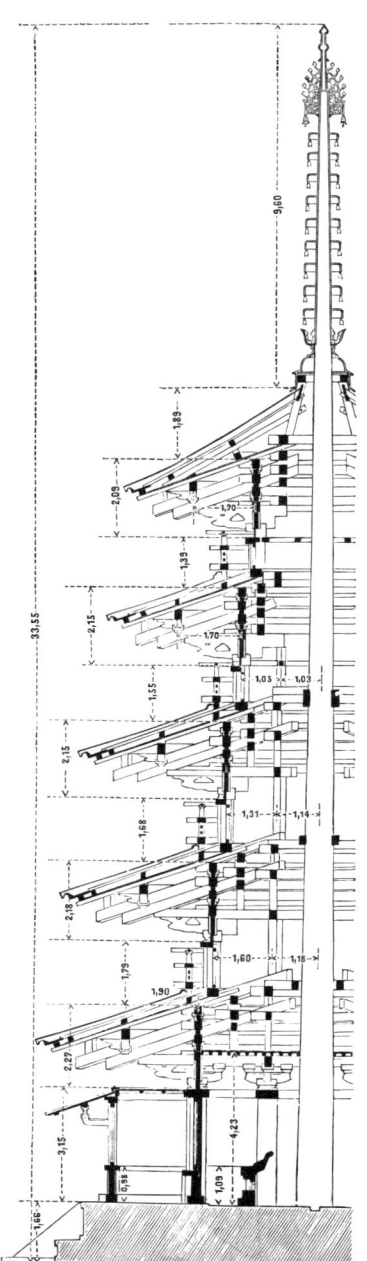

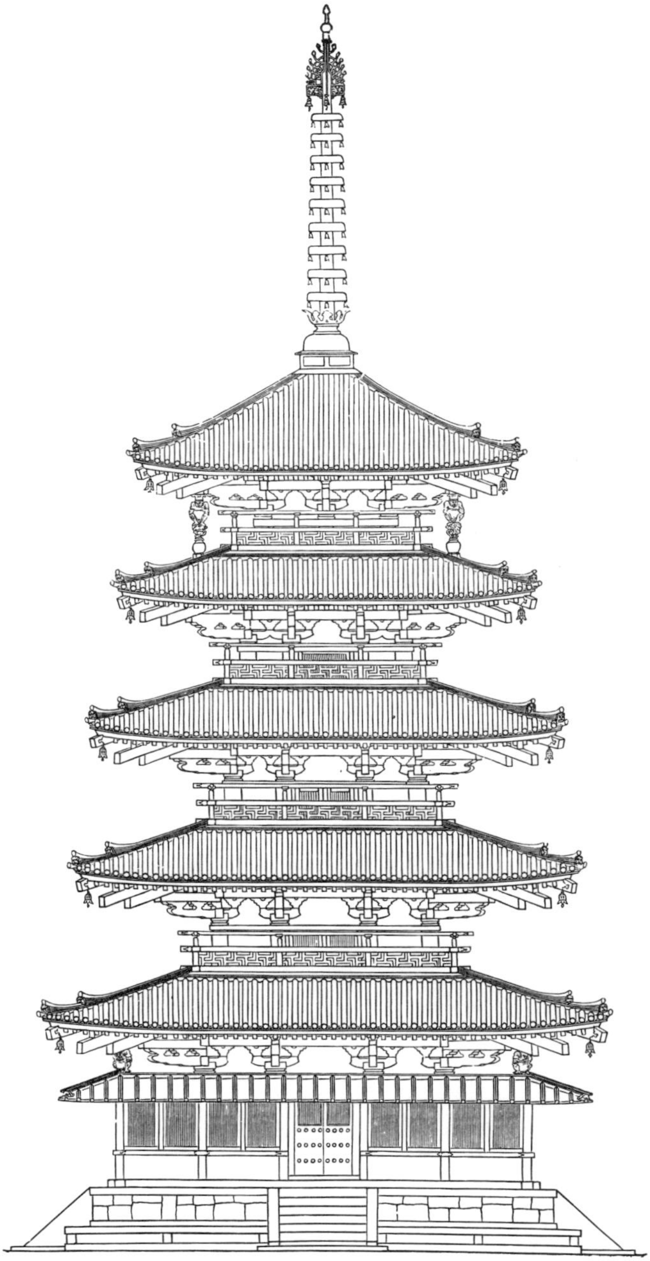

Als die Japaner von den Chinesen mit dem Buddhismus die Pagode übernahmen, suchten sie sich nicht die übliche, achteckige, gemauerte als Vorbild aus, sondern ausgerechnet eine Sonderform, die in China selten vorkam: Die viereckige Pagode ganz aus Holz. Sicher spielte die japanische Vorliebe für den eleganten Holzbau dabei eine Rolle, wahrscheinlich auch die Erdbebengefahr, der Steinbauten viel mehr ausgesetzt sind.

Die fünfstöckige Pagode, die der Baumeister Horyuji um 650 n. Chr. in Nara (Japan) baute, ist der älteste erhaltene Holzbau der Welt. Betrachtet man daneben spätere Pagoden aus dem 13. oder 18. Jahrhundert, stellt man fest, daß die einmal gefundene Form streng durchgehalten und nicht mehr verändert wurde. Die wichtigste Eigentümlichkeit aller japanischen Pagoden ist der zentrale »Herzpfeiler«, ein Mittelpfosten, der durch das ganze Bauwerk hindurchgeht. Er steht auf dem versenkten Grundstein und hat das Gewicht der Bronzespitze allein zu tragen.

Die Vordächer über den einzelnen Stockwerken ragen in Japan noch weiter vor als in China, sind auch entschiedener nach oben geschwungen. Dadurch ruht der Turm noch mehr in sich selbst als schon bei der chinesischen Pagode. Er stößt nicht in einem einzigen Kraftakt nach oben, sondern verweilt bei jedem Geschoß, holt gewissermaßen erst einmal Atem, bevor er sich zum weiteren Aufsteigen entschließt.

Das Bauwerk wirkt organisch und befindet sich im Einklang mit der umgebenden Natur. Man kann den Turm von Nara durchaus mit einem Tannenbaum vergleichen. Den Unterschied zwischen der japanischen und der europäischen Auffassung von einem Turmbauwerk soll eine Gegenüberstellung deutlich machen.

Die norwegischen Stabkirchen, im 12. und 13. Jahrhundert entstanden, sind wie die japanischen Pagoden Holz-

Links: **Fünfstöckige Pagode des Horyuji in Nara. Im 7. Jahrhundert gebaut, der älteste erhaltene Holzbau der Welt.**

Kirche von Borgund im Laerdal in Norwegen. Sie wurde im 12. Jahrhundert erbaut und ist die älteste und zugleich besterhaltene Stabkirche.

bauwerke mit Stockwerkgliederung und deutlichem Wechsel zwischen senkrechten und schräg vorragenden Bauteilen, den Wänden und den Dächern.

Trotz aller dieser Gemeinsamkeiten ist die Wirkung der Stabkirchen völlig anders, ihr Bau ist dynamischer, alles an ihm drängt nach oben, zur Spitze.

Der Gopuram

Eine Tempelanlage mit mehreren Gopurams aus der »Illustrirten Mythologie« von Göll, 1874.

Während in Japan der Buddhismus noch heute weiterlebt, wurde er in seinem Ursprungsland, in Indien, weitgehend vom Hinduismus verdrängt, zu dem sich inzwischen mehr als 500 Millionen Menschen bekennen.

Auch der Hinduismus hat eine ganz eigene, höchst originelle Turmform hervorgebracht, den Gopuram.

(Die Schwierigkeiten beim Übertragen von fremden Namen aus Ländern mit anderer Schrift und Grammatik zeigen sich auch hier. In deutschen Lexika kann man diesen Turm sowohl als »Gopura« wie auch als »Gopuram« finden. Außerdem hat man noch die Wahl zwischen »das Gopuram«, »die Gopura« und »der Gopuram«. Da im Deutschen Turm männlich ist, habe ich mich für »der Gopuram« entschieden.)

Er ist der Torturm einer Tempelanlage, hat sich aus dem Stadtturm entwickelt und wurde im 13. und 14. Jahrhundert in Südindien zu einem eigenständigen, monumentalen Bauwerk von enormer Höhe.

Der Gopuram besteht aus einer Folge von Einzelgeschossen, die nach oben immer schmaler werden und weiter zurückgesetzt sind. Der ganze Turm ist mit figürlichem Schmuck geradezu überwuchert. Wenn man den Tempelwärtern Glauben schenken kann, gibt es keinen Gopuram, der weniger als 1 Million Einzelbildwerke besitzt. Die meisten Gopurams wirken wie Bauwerke aus einer anderen, einer Phantasie-Welt, wie Filmkulissen für einen Sciene-fiction-Film.

Gopuram in Madurai (Indien).

Aserbeidschan liegt im Süden der Sowjetunion, zwischen dem Arrarat-Hochland und dem größten See der Welt, dem Kaspischen Meer.

Das Land hat eine bewegte Geschichte; abwechselnd stand es unter persischer, arabischer, türkischer, russischer und englischer Herrschaft. Seit 1936 ist es eine selbständige Sowjetrepublik mit eigener Verfassung. Die Hauptstadt heißt Baku und liegt am Kaspischen Meer.

Am Rand der Altstadt von Baku steht ein alter Turm, der durch seine seltsame Form auffällt. Das Bauwerk hat die Form eines riesigen Schlüssellochs. So etwa sieht sein Grundriß aus:

Die Historiker sind sich nicht einig, welchem Zweck der Turm ursprünglich diente. Auch über die Entstehungszeit findet man widersprüchliche Angaben. In manchen Büchern las ich, er sei unter der Herrschaft der Sassaniden im 7. Jahrhundert gebaut worden. Andere Wissenschaftler machen ihn wesentlich jünger und bringen ihn in Zusammenhang mit dem benachbarten Schirwan-Schah-Palast, der um 1500 von dem damaligen persischen Herrscher errichtet wurde.

Heute liegt der Turm etwa hundert Meter vom Ufer des Kaspischen Meers entfernt. Früher aber stand er im Meer. An den Spuren der Wellen im Sockel kann man sehen, daß er früher aus dem Wasser aufragte. Das bedeutet nicht etwa, daß man den alten Turm in unserer Zeit versetzt hätte. Vielmehr ist es so, daß das Kaspische Meer ganz unmerklich austrocknet, weil ihm die Flüsse weniger Wasser zuführen als aus ihm verdunstet. Zu der Zeit, als der Turm gebaut wurde, lag der Wasserspiegel einige Meter höher. Wo heute die Uferpromenade verläuft, war früher Meer. Man nimmt an, daß der Turm ursprünglich ein, zwei Meter vom Ufer entfernt im Wasser stand.

Der Name des Turmes ist Kyz-Kalassy, was man mit

Der Jungfrauenturm

Dieser Teil ist massiv →

Er wird von den Einheimischen „der Wellenbrecher" genannt

Links: Kyz-Kalassy, der Jungfrauenturm in Baku (UdSSR).

»Turm des jungen Mädchens« oder »Jungfrauenturm«
übersetzen kann.
Ich habe den Taxifahrer, der mich zum Turm fuhr, nach
der Bedeutung dieses Namens gefragt. Worauf er erst
einmal rechts ranfuhr, anhielt, sich eine Zigarette aus
dem dort üblichen fast schwarzen Tabak drehte, um mir
dann die Geschichte zu erzählen.

Der Schah und die Schöne

Es war eine unter den Frauen des Schahs im Harem, die
durch besondere Schönheit hervorstach. Der Schah zog
sie allen anderen vor, machte ihr mehr Geschenke, ließ
ihr die schönsten Kleider zukommen, silberne Ohrringe
und herrliche Duftwässer. Sie konnte sich rühmen, die
Lieblingsfrau des Schahs zu sein.
Als die junge Frau nun schwanger wurde, verbarg sie das
vor ihm, weil sie fürchtete, sie könne eine Tochter gebä-
ren und so seine Gunst verlieren. Denn der Schah war
kein guter Mensch: Er freute sich nur, wenn ihm ein
neuer Sohn geboren wurde, und beschenkte die Mutter
des Kindes. Gebar ihm eine seiner Frauen aber ein Mädchen, so zürnte er ihr. Eine Tochter galt ihm weniger als
ein Pferd oder ein Jagdfalke.
Die Zeit der Geburt näherte sich. Die Frau zog sich für

lange Zeit in die Frauengemächer zurück. Immer, wenn
der Schah nach ihr schickte, ließ sie durch ihre Dienerin
ausrichten, sie liege krank darnieder. Dies tat sie, bis ihr
Kind auf die Welt kam. Es war ein Mädchen, wie sie
befürchtet hatte.

So schlich sie heimlich mit dem Kind aus dem Palast, gab
das Neugeborene einer jungverheirateten Bauersfrau und
sagte: »Hier, nimm das Kind und ziehe es auf wie dein
eigenes! Ich gebe dir auch viel Geld dazu. Du mußt aber
mit deinem Mann weit, weit wegziehen. Es sollen hundert Meilen zwischen dem Palast und eurem neuen Heim
liegen.«

Die Bauersfrau nahm das Kind und das Geld und tat, was
ihr die Frau des Schahs aufgetragen hatte.

Es verging eine lange Zeit.

Viele Jahre später ritt der Schah eines Tages auf die Jagd.
Er verfolgte einen wilden Eber, hetzte ihn durch den
Wald, über die Steppe, jagte fast hundert Meilen hinter
ihm her, so schnell, daß seine Diener kaum folgen konnten, bis er das Tier schließlich gestellt hatte und tötete.

Dann ließ er die Diener ein Zelt errichten, legte sich zur
Ruhe und schlief auf der Stelle ein.

Als der Schah am nächsten Morgen hinaustrat, war ein
junges Mädchen gerade in der Nähe des Zeltes damit
beschäftigt, die Früchte eines Feigenbaumes zu ernten.

Das Mädchen war wunderschön, und der Schah verliebte
sich auf den ersten Blick. Er fragte, wer seine Eltern seien
und wie es hierherkomme, und erfuhr zu seinem Erstaunen, daß es die Tochter einfacher Bauern war, die in der
Einsamkeit ihr Haus errichtet hatten.

Der Schah versprach der jungen Frau ein Leben im Über-
fluß, Schmuck und schöne Gewänder, wenn sie mit ihm
käme. Doch sie lehnte höflich ab. Sie sagte, sie wäre
schon mit einem jungen Burschen aus einem Dorf in der

Nähe verlobt. Der sei zwar nicht so reich wie der Schah, dafür sei er jünger. Außerdem liebe er sie und sie ihn, das sei wichtiger als Schmuck und schöne Gewänder.

So ließ der Schah das Zelt abbauen und zog mit seinen Dienern zurück nach Baku in seinen Palast.

Doch der Gedanke an die schöne Bauerstochter ließ ihn nicht los. Tag und Nacht mußte er an sie denken. Schließlich ritt er wieder den langen Weg zu ihr und versprach ihr diesmal noch prächtigere Geschenke. Und abermals lehnte die Schöne ab, und der Schah mußte alleine zurückreiten.

Immer häufiger kam nun der Schah zu ihr, immer heftiger bedrängte er sie. Er versprach sogar, alle seine anderen Frauen wegzuschicken und sie zu seiner einzigen zu machen.

Aber sie blieb ihrem Verlobten treu und gab seinem Drängen nicht nach.

Da wurde der Schah zornig und sagte: »Hast du vergessen, daß ich der Schah bin, dein Herrscher? Ich kann meinen Dienern befehlen, dich zu fesseln und gewaltsam in meinen Palast zu bringen. Morgen frage ich dich ein letztes Mal. Überlege gut, was du mir antworten wirst!«

Das Mädchen dachte die ganze Nacht nach, was es antworten solle, und am nächsten Morgen sagte es zum Schah: »Ich bin bereit, mit dir zu kommen und deine Frau zu werden. Es ist aber eine Bedingung dabei. Ich werde dich erst heiraten, wenn du einen Turm gebaut hast, der höher ist als zwanzig Männer und der direkt aus dem Meer aufragt.«

Das sagte das Mädchen, weil es meinte, der Schah könne die Bedingung nie erfüllen. Denn bis dahin hatte es noch nie einen Turm gegeben, der im Meer gebaut war.

Aber der Schah holte die besten Baumeister aus aller Welt, ließ feste Fundamente im Wasser errichten, und in einem Jahr war der Turm fertig, so, wie man ihn heute noch sieht.

Also mußte das Mädchen sein Versprechen halten. Weinend nahm es Abschied von seinen Eltern und seinem Verlobten und folgte den Männern des Schahs, die es nach Baku, der Hauptstadt, brachten.

Die Diener führten die Schöne zum Turm, wiesen ihr das oberste Stockwerk an, das prächtig eingerichtet war, und zwei Dienerinnen salbten sie mit wohlriechenden Ölen und kleideten sie in ein weißes Hochzeitsgewand. Schließlich gingen alle Diener und Dienerinnen, hießen sie warten und sagten dem Schah, daß seine Braut für die Hochzeit bereit sei.

Der Verlobte des Mädchens war den Männern des Schahs in die Stadt gefolgt und hatte sich am Ufer verborgen. Als er nun alle Diener und Dienerinnen den Turm verlassen sah, schlich er sich über die kleine Brücke, die das Ufer mit dem Turm verband, und wollte in den Turm eindringen. Aber die Tür war fest verschlossen und ließ sich nicht öffnen. Da verbarg er sich im Schatten des Eingangs und wartete.

Als es dunkelte, kam der Schah allein zum Turm, herrlich gekleidet mit einem golddurchwirkten Kaftan und einem Turban aus weißer Seide.

Gerade als er die Tür des Turmes öffnen wollte, trat der Verlobte des Mädchens aus dem Schatten, zog seinen Dolch und rief dem Schah zu, er solle mit ihm um die Braut kämpfen. Es wäre für den Schah ein leichtes gewesen, zu entfliehen oder nach seinen Dienern zu rufen. Aber auch er zog den Dolch, und die beiden Männer kämpften still und verbissen im Dunkeln. Der junge Mann siegte: Er stieß seinem Gegner den Dolch ins Herz, so daß er starb.

Mit zitternden Händen durchsuchte er dann die Taschen

des Schahs, fand den Schlüssel zum Turm, schloß die Tür auf und stürmte die Treppen hoch, um seine Verlobte zu befreien.

Die Jungfrau oben auf dem Turm hörte schwere Männerschritte immer näher kommen. Sie wußte, daß nur der Schah den Schlüssel zum Turm besaß, und mußte glauben, daß er es war, der ungeduldig und voller Hast die Stufen nahm, die zu ihrem Gemach führten. In ihrer Verzweiflung kletterte sie auf die Brüstung des Turms, rief: »Lieber sterbe ich, als daß ich meinem Geliebten untreu werde und den Schah zum Mann nehme!« und sprang in die Tiefe, hinab ins Meer, wo sie ertrank.

Ihr zu Ehren nennt man noch heute das Bauwerk den »Jungfrauenturm«.

Die heiligen Türme der Parsen: Türme des Feuers – Türme des Schweigens

Feuerheiligtum nördlich von Baku in der Sowjetrepublik Aserbeidschan.

Noch ein zweiter, turmähnlicher Bau hat mich in Aserbeidschan beeindruckt: Ein Feuerheiligtum der Parsen. Ich muß zugeben, daß ich bis dahin wenig über die Religion der sogenannten Feueranbeter wußte. Der Feuertempel nördlich von Baku und die Ruinen einiger alter Feuertürme lösten in mir den Wunsch aus, mehr über die Religion und die Bauwerke der Parsen zu erfahren. Das habe ich dann zuhause nachgeholt, durch Bücher. Es ist allerdings nicht einfach, Bücher über Feueranbeter und Feuertürme zu finden. Es gibt kaum welche. Man muß sich die Informationen mühsam aus Werken über alte Religionen und aus Reiseberichten zusammensuchen.

Schon in der Antike war Aserbeidschan als »Land des Feuers« bekannt. Es gibt dort riesige Erdölvorkommen dicht unter der Erdoberfläche. Das Öl tritt in Pfützen, kleinen schwarzen Tümpeln und Quellen zutage. In der Vergangenheit ist dieses an die Erde quellende Öl mehr als einmal durch Selbstentzündung oder Blitzschlag in Brand geraten und war dann nicht mehr zu löschen.

So ist zum Beispiel historisch verbürgt, daß ein riesiger Landstrich nördlich von Baku vom Jahr 500 bis 900 n. Chr. ununterbrochen brannte.

Vierhundert Jahre lang versuchten die dort wohnenden Menschen vergeblich, das Feuer zu löschen. Vierhundert Jahre lang verdunkelte eine schwarze Rauchsäule das Land am Kaspischen Meer, bis schließlich das Erdöl an dieser Stelle versiegte und mit ihm das Feuer.

Kein Wunder, daß dieses Land des Feuers den Parsen, den sogenannten *Feueranbetern*, als Heiliges Land und Wallfahrtsziel galt.

Das Feuer wurde von vielen frühen Völkern als göttliche Gabe verehrt. Bei den Germanen und Kelten etwa hielt es die bösen Geister fern, das Herdfeuer durfte nie ausgehen. Unsere Sonnwendfeuer erinnern noch heute in manchen Gegenden an die Feuerverehrung unserer Vorfahren.

Bei vielen asiatischen Völkern gibt und gab es Feuergottheiten, so bei den Indern, den Chinesen, den Persern. Und in Persien (oder, wie man heute sagt, im Iran) entwickelte sich daraus eine eigene Religion, der Parsismus, in der das Feuer als Verbindungspforte zwischen Himmel und Erde gilt. In einem alten persischen Text heißt es: »Wenn Gott auf die Erde kommt, geht er erst zum Feuer, dann anderswohin.«

Deshalb errichtete man Feuerheiligtümer, in denen die heilige Flamme nie verlöschen durfte.

Feueraltäre bei Nakschi Rustam.

Dadgah, Feuertempel der Parsen
bei Baku auf der Halbinsel
Abscheron.

Die Feuer der verschiedenen Heiligtümer wurden wie
Persönlichkeiten behandelt, sie trugen Namen, und es
gab eine Rangordnung unter ihnen. Das höchstrangige
hieß Bahrām, es galt als König unter den Feuern, über ihm
hing eine Krone.

Wie wir uns bei der europäischen Geschichtsschreibung
auf die Geburt Christi beziehen, indem wir historischen
Jahreszahlen ein »v. Chr.« oder »n. Chr.« anhängen, so
bezog sich die damalige persische Geschichtsschreibung
auf berühmte Feuer: »Im 40. Jahr des Feuers Ardasirs ...«
oder »Im 26. Jahr des Feuers Sapurs ...«

Es existierten zwei Formen von Heiligtümern: Feuertempel, in denen das Feuer zu ebener Erde in einem offenen Kuppelbau brannte, und Feuertürme.

Die Feuertürme wurden oft auf Hügeln oder an Berghängen gebaut, so daß man sie über große Entfernungen hinweg sehen konnte. Wie Abbildungen auf alten, sassanidischen Münzen zeigen, standen auf dem flachen Turmdach meist mehrere Altäre, auf denen Feuer brannten.

Als Aserbeidschan um 600 n. Chr. persisch wurde, errichteten die Parsen auch hier ihre Feuertürme.

Es muß ein erhebender Anblick gewesen sein, wenn nachts die Turmfeuer von den Bergen weit über das Steppentiefland leuchteten, wie von Leuchttürmen mitten auf dem Festland.

Einige Jahrhunderte später, als Persien (und damit Aserbeidschan) islamisch wurde, verbot man die Feueranbetung, die Türme zerfielen. Die meisten persischen Feueranbeter, die sich nicht zum Islam bekehren mochten, wanderten nach Indien aus. Der Rest zog sich in die unwegsamen Halbwüsten des Iran zurück. Dort, weit weg von den großen Städten, lebte der Parsismus weiter.

In Indien fand die Religion der persischen Einwanderer viele Anhänger. In Bombay zum Beispiel gibt es heute noch etwa 100 000 Parsen. Im indischen Wallfahrtsort Udwada brennt immer noch ein heiliges Feuer, das schon im Jahr 722 entzündet wurde. Aber Aserbeidschan blieb auch weiterhin für die Feueranbeter ein heiliges Land. Im 18. Jahrhundert schafften es indische Kaufleute, die mit Aserbeidschan Handel trieben, daß sie in der Nähe von Baku ein neues Feuerheiligtum errichten durften. Eine Bedingung stellte der damalige aserbeidschanische Herrscher: Die Parsen mußten jährlich eine gewaltige Summe entrichten, außerdem durfte die einheimische Bevölkerung mit den »Ungläubigen« nicht in Berührung kommen.

So bauten indische Parsen eine abweisende, klosterähnliche Anlage, von hohen Mauern umgeben, die heute noch erhalten ist. Im Zentrum, im Innenhof, steht das Feuerheiligtum. Da es laut Vertrag den Blicken der Einheimischen verborgen bleiben mußte, konnte man nicht den gewünschten, hohen Feuerturm errichten. Deshalb vereinigte man die beiden Bauformen Feuertempel und Feuerturm in einem Bau: Das heilige Feuer brennt zu ebener Erde auf einem Altar. Darüber erhebt sich ein Kuppelbau mit vier torähnlichen Öffnungen.

Auf den flachen Dachecken aber stehen – wie auf den alten Feuertürmen auch – vier kleine Altäre, vier aufgesetzte Türmchen, auf denen ebenfalls das heilige Feuer brennt. *(Abb. S. 193)*

Die beiden alten Kupferstiche zeigen drastisch die »Türme des Schweigens«, die Bestattungsstätten der Feueranbeter.

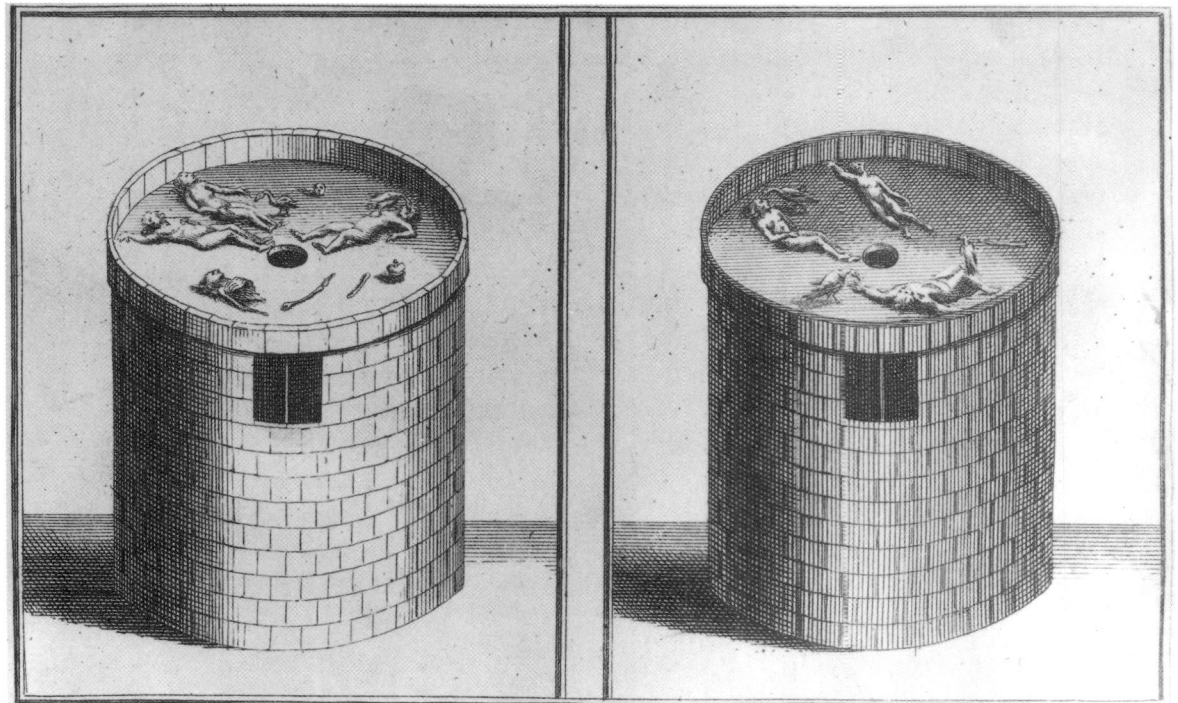

Innerhalb des »Klosters«, in kleinen Zellen unterhalb der Umfassungsmauern, wohnten jeweils zwölf Feueranbeter. Sie verließen das Heiligtum nie, wohnten dort bis zu ihrem Lebensende, speisten fünfmal am Tag das Feuer mit wohlriechenden Hölzern und sorgten so dafür, daß es nicht ausging. Starb einer von ihnen, kam mit einer der nächsten Kaufmanns-Karawanen aus Indien ein Nachfolger, der den Platz des Verstorbenen einnahm. Das Heiligtum in Baku war bis zu Anfang unseres Jahrhunderts »in Betrieb« (wie es der aserbeidschanische Dolmetscher ausdrückte, der diese Anlage erklärte).

Heute ist der Tempel ein beliebtes Ausflugsziel für die Fremden, die Baku besuchen. Für das Ewige Feuer sorgt das Städtische Tiefbauamt. Der Einfachheit halber verfeuert man Erdgas aus den nahe gelegenen Raffinerien.

Nach der religiösen Überzeugung der Parsen darf das Feuer nicht durch unreine Stoffe befleckt werden. Das gilt für jedes Feuer, nicht nur für das in den Heiligtümern. So wäre es undenkbar für einen gläubigen Parsen, Abfälle etwa zuhause im Herd zu verbrennen, und die indischen Priester nähern sich dem Feuer nur mit einer Atemschutzmaske, um es auch nicht durch einen Hauch zu beflecken. Aber nicht nur das Feuer, auch die Erde darf nicht verunreinigt werden. Deshalb setzen die Parsen ihre Toten nicht in der Erde bei.

Für ihre Verstorbenen errichten sie »Türme des Schweigens«. Diese Türme stehen an abgelegenen Orten, ihr flaches Dach ist von einer hohen Brüstung umgeben, die den Blick auf die Dachplattform verwehrt. Dort oben legt man die Toten für die Geier aus.

Das mag uns grausam und abstoßend erscheinen. Aber wer sich einmal von gewohnten Vorstellungen freimachen kann, muß zugeben, daß es sich eigentlich recht

gleich bleibt, ob man die sterblichen Überreste eines
Menschen den Würmern oder den Geiern anheimgibt.

Reza Pahlewi, der letzte persische Schah, verbot in seinem Land diese Art der Beisetzung. Sie scheint sich trotzdem in einigen Landstrichen erhalten zu haben. Noch
heute gibt es iranische Parsen, die diese Art der Bestattung pflegen und die für sich selbst auch keine andere Art
der Bestattung billigen würden.

Auch in Indien wird der Gegensatz zwischen moderner
Zivilisation und alten Bestattungsbräuchen immer grö-
ßer. In der Stadt Bombay werden nur noch drei der sieben
»Türme des Schweigens« benutzt.

Eine Weissagung

Es wird erzählt, der Wiener Kapellmeister Arnold de
Bruck habe eine Wahrsagerin nach seiner Todesstunde
gefragt und zur Antwort erhalten: »Ihr werdet sterben,
wenn die Uhr auf dem Stefansturm dreizehn schlägt.«
Einige Jahre später stürzte de Bruck vom Turmkranz des
Stefansturms (den er fast täglich zu besteigen pflegte),
als die Uhr gerade zwölf schlug.

Bei seinem tödlichen Sturz streifte er die Glocke, der
Metallknauf seines Degens schlug dagegen, so daß sie
zur Verblüffung der Wiener an diesem Mittag einen drei-
zehnten Schlag tat.

(Der dreizehnte Glockenschlag ist verbürgt. Die voraus-
gegangene Weissagung ist es nicht, ist aber auf jeden
Fall gut erfunden!)

Die neuen Türme: Wolkenkratzer

Am Samstag, dem 8. Oktober 1871, brach in einer Scheune im Westen der amerikanischen Großstadt Chicago ein Feuer aus, das schnell das ganze Gebäude erfaßte und auf das benachbarte Wohnhaus übergriff.

Als die Feuerwehr mit zwei Pferdegespannen endlich eintraf, hatten sich schon einige benachbarte Holzhäuser durch Funkenflug entzündet und brannten lichterloh. Obwohl die Feuerwehrleute sofort Verstärkung anforderten und nach einer Weile auch erhielten, stand eine halbe Stunde später bereits das ganze Viertel in Flammen.

Weil es wochenlang nicht mehr geregnet hatte und von der Prärie her ein starker Westwind wehte, breitete sich der Brand mit großer Geschwindigkeit über die ganze Stadt aus.

An ein Löschen war schon längst nicht mehr zu denken, die Stadtbewohner konnten nur noch versuchen, vor den Flammen in die offene Prärie zu fliehen, die Chicago von drei Seiten umgibt. Es erwies sich als äußerst verhängnisvoll, daß die Straßen der Stadt mit geteerten Holzwürfeln gepflastert waren, die sich nun durch die Hitze entzündeten, die Straßen in Feuerströme verwandelten und den Brand weitertrugen in andere, entferntere Stadtteile. Bald war die Stadt von allen Einwohnern verlassen. Hunderttausende verbrachten die Nacht, den Sonntag, wieder die Nacht und den Montag draußen vor der Stadt, auf freiem Feld, ohne Unterkunft, nur notdürftig bekleidet, ohne Essen.

Manche befanden sich nur wenige Minuten von ihrem

Der große Brand von Chicago

Links: Hinter Rundbögen: Die Skyline von Manhattan. Ein Foto von 1930.

Der Brand von Chicago: Die Bewohner stürmen aus dem Flammenmeer, dem rettenden Seeufer zu. Nach der Zeichnung eines Augenzeugen.

Haus, ihren Möbeln, ihrem Vermögen entfernt, sahen das noch unversehrte Gebäude in Rufweite vor sich, und konnten es doch nicht wagen, ihre Wertgegenstände zu retten. Schon in wenigen Minuten hätte ja auch ihr Haus in Brand geraten, das unberechenbare Feuer ihnen den Rückweg abschneiden können.

Am Morgen des dritten Tages zog ein heftiges Unwetter über die Stadt. Wolkenbruchartige Regenfälle löschten die Flammen.

Die Folgen des größten Brandes des 19. Jahrhunderts: 300 Menschen waren in den Flammen umgekommen, 90 000

Menschen obdachlos, fast 20 000 Häuser (vom einfachen Holzhaus bis zur sechsstöckigen Mietskaserne) wurden durch die Flammen zerstört. Ganz Chicago war eine riesige Brandruine.

Aber die Bewohner der Stadt ließen sich nicht entmutigen und machten sich bereits an den Wiederaufbau, als die Trümmer noch rauchten. In wenigen Tagen entstand eine Barackenstadt mit Notunterkünften am Ufer des Michigan-Sees. Danach ging man an die planmäßige Wiederherstellung der Innenstadt.

Ein zeitgenössischer Chronist berechnete nicht ohne Stolz, daß zwischen April und Dezember des nächsten Jahres mehr als 2000 Häuser gebaut wurden. Das bedeutet (bei 200 Arbeitstagen zu acht Arbeitsstunden): Alle 48 Minuten war damals in Chicago ein neues Haus bezugsfertig.

Die Brandkatastrophe, die so viel Unglück und persönliche Verluste für die einzelnen Bewohner brachte, war wenigstens in einer Beziehung von Vorteil: Sie bot die Möglichkeit eines rigorosen Neuanfangs. Man konnte die Innenstadt nach den modernsten Gesichtspunkten aufbauen, ohne auf vorhandene Straßen, Gebäude oder Besitzverhältnisse Rücksicht nehmen zu müssen. Einige Jahre später nannte alle Welt Chicago »die prächtigste, modernste und großartigste Stadt Amerikas«. Im Zentrum der Stadt hatten die Architekten nämlich eine völlig neue und revolutionäre Bauform entwickelt, die es vorher noch nie gegeben hatte, weder in Amerika noch in Europa. Die ersten vielgeschossigen Hochhäuser waren entstanden. Bereits in den achtziger Jahren des letzten Jahrhunderts verpaßte man diesem Haustyp einen Spitznamen, den er bis heute behielt: »Skyscraper«, zu deutsch: Wolkenkratzer.

Was ist ein Wolkenkratzer?

Ist jedes besonders hohe Haus zwangsläufig ein Wolkenkratzer? Kann man also hohe Kirchtürme oder mittelalterliche Stadttürme wie die in Bologna als Wolkenkratzer bezeichnen? Von welcher Höhe an wird ein Gebäude zum Wolkenkratzer?

Das »Penguin Dictionary of Architecture«, das »Wörterbuch der Architektur« also, versucht für all diese Fragen eine eindeutige Antwort zu finden. Dort sind alle Bedingungen aufgezählt, die erfüllt sein müssen, wenn man zu Recht von einem »Wolkenkratzer« sprechen will:

»Wolkenkratzer: Ein vielstöckiges Gebäude von großer Höhe, das als Stahlskelettbau konstruiert ist, über elektrische Aufzüge verfügt und Räume von normalen Ausmaßen enthält, wie sie auch in niedrigen Gebäuden üblich sind.«

Kirchtürme können demnach eindeutig *keine* Wolkenkratzer sein, da sie von allen geforderten Eigenschaften lediglich die große Höhe haben. Die meisten bestehen zum Beispiel nur aus einem einzigen, riesigen Stockwerk, das keinerlei Räume von normalem Ausmaß enthält, sondern lediglich das Treppenhaus.

Mittelalterliche Türme haben zuweilen Räume normaler Größe, aber ihnen fehlen Aufzug und Stahlskelettbauweise.

Es bleiben folglich nur Gebäude übrig, die nach dem großen Brand von Chicago entstanden. Denn erst danach wurde diese Bauweise angewandt. Und der erste elektrische Aufzug wurde erst 1880 (von Siemens) erfunden.

Warum aber ein Wolkenkratzer ohne Stahlskelett und ohne Aufzug einfach nicht denkbar ist, soll nun erläutert werden.

Vor der Erfindung der Stahlskelettbauweise baute man die Häuser massiv. Das heißt: Man mauerte sie aus Natur- oder Ziegelsteinen hoch, wie man es heute noch bei normalen Wohnhäusern tut.

Noch im Jahr 1860 war in einer amerikanischen Architekturzeitschrift zu lesen, daß 10 Stockwerke die oberste Grenze für ein gemauertes Haus seien. Man ging davon aus, daß bei einem mehrstöckigen Haus die Mauern mindestens 12 Zoll (= 30,5 cm) dick sein mußten. Die Dicke der Fundamente, der Grundmauern, bestimmte man so: 12 Zoll plus 4 Zoll für jedes Stockwerk; bei zehn Stockwerken waren das also 52 Zoll (1,32 m).

Später wurde in Chicago zwar ein Haus errichtet, das die gesetzte Grenze um 6 Stockwerke übertraf: Das Monadnok-Haus, mit 16 Stockwerken das höchste Gebäude, das je massiv gemauert wurde *(Abb. S. 206)*. Aber Bauherren und Architekten waren sich einig, daß es nicht rentabel sei, weitere solcher Gebäude zu bauen. Die Baukosten waren einfach zu groß, allein die Fundamente hatten eine Breite von 2 Metern.

Nach dem Brand galt es nun, möglichst schnell, möglichst billig und möglichst hoch zu bauen. All das erreichte man durch eine neue Bautechnik. Man errichtete erst ein Skelett aus Stahlsäulen und Stahlträgern, das vom Fundament bis zum Dach reichte. Wenn dieses Gerüst dann stand, fing man an, Wände und Decken einzuziehen. Wobei die Wände überhaupt keine Last zu tragen hatten, sie dienten lediglich als Wetterschutz. Ein ähnliches Bauprinzip hatte man bereits in der Gotik angewandt. Damals mußte man das Skelett allerdings aus Stein errichten, und das kostete sehr viel Zeit. Jetzt ging alles rasch und nahezu problemlos durch vorgefertigte Stahlteile.

Zum erstenmal konnte man nun Maurer sehen, die in der

Die Voraussetzungen: Stahlskelett und Aufzug

Diese Zeichnung des Chicagoer New York Life Building aus den »American Architect and Building News« von 1894 zeigt die Unabhängigkeit der Fassade von der tragenden Konstruktion.

Der Monadnok-Block in Chicago in
den zwanziger Jahren.

Mitte des Gebäudes begannen, ihre Mauern hochzuziehen. Es konnte vorkommen, daß bei eiligen Bauaufträgen verschiedene Maurerkolonnen gleichzeitig unten, oben und in der Mitte mit der Arbeit begannen und einander entgegenmauerten, bis die letzte Lücke geschlossen war. Das erste Haus, das nach dieser Methode gebaut wurde, war ein Versicherungsgebäude, das Home-Insurance-Haus. (Die Feuerversicherungen machten nach dem großen Brand ohne viel Werbung glänzende Geschäfte.) Der Architekt hieß Le Baron Jenney. Ursprünglich hatte das Gebäude elf Stockwerke, im Jahr 1890 wurde es um einige Etagen aufgestockt, 1931 dann ganz abgetragen, um einem neuen, viel höheren Wolkenkratzer Platz zu machen. Aber trotz der neuen Bauweise hätte man keine Wolkenkratzer bauen können (zumindest keine, wie wir sie heute kennen), wenn nicht gleichzeitig der *Aufzug* erfunden und verbessert worden wäre.

Eine einfache Rechenaufgabe soll das anschaulich machen. Stellen wir uns vor, jemand hätte ein Büro im 100. Stockwerk des Empire-State-Building in New York gemietet.

Die Stockwerkhöhe beträgt dort 2,80 m. Eine normale Treppenstufe ist 16 cm hoch, folglich muß man von Stockwerk zu Stockwerk 18 Stufen zurücklegen. Vom Erdgeschoß bis zum 100. Stockwerk hätte man also – gäbe es keinen Lift – 1800 Stufen zu steigen. Wäre jemand so sportlich, so körperlich durchtrainiert, daß er alle Stufen ohne jede Rast und ohne Verschnaufpause hintereinander hochsteigen würde und für das Ersteigen jeder Stufe nicht mehr als eine Sekunde bräuchte, benötigte er immerhin eine halbe Stunde für den Aufstieg.

Im Empire-State-Building findet kurioserweise jedes Jahr ein Wettlauf statt, der vom Erdgeschoß bis zum 86. Stockwerk des Gebäudes geht. Läufer aus aller Welt trainieren monatelang das schnelle Treppensteigen, bevor sie sich den Konkurrenten stellen.

Nun kann man aber von einem 60jährigen Industrie-Boß nicht erwarten, daß er so durchtrainiert ist wie ein Wettläufer. Wahrscheinlich würde er mehr als eine Stunde für den Aufstieg brauchen. Und welcher Mieter wäre bereit, täglich zwei Stunden Treppen zu steigen, um in sein Büro und wieder nach unten zu kommen! Man sieht: Hätte man nicht in der Zeit nach dem Brand von Chicago den elektrischen Aufzug erfunden, wären trotz der neuen Bauweise die Wolkenkratzer höchstwahrscheinlich ungebaut geblieben.

Als Erfinder des modernen Aufzugs gilt der Amerikaner Elisha G. Otis. Sein Verdienst ist es vor allem, ihn sicher gemacht zu haben. Er erfand eine automatische Fangvorrichtung, einen Schnappmechanismus, der in Gang tritt, wenn das Aufzugseil reißt. In einer Werbebroschüre seiner Aufzugs-Firma warb Otis mit dem Spruch: »Das Benutzen eines Otis-Aufzugs ist ungefähr 5mal sicherer als das Hinauf- und Hinabsteigen der Treppen.« Und mit gutem Gespür für werbewirksame Maßnahmen bewies er das dem Publikum, indem er seine Sicherheitsvorrichtung während der New Yorker Weltausstellung von 1854 täglich im Kristallpalast präsentierte.

Otis stand dabei auf einer offenen Aufzugsplattform, die langsam in die Kuppel des Ausstellungsgebäudes hochgezogen wurde. Wenn sich der Aufzug in etwa 20 m Höhe befand, weit über den Köpfen der Zuschauer, trat ein Mitarbeiter von Otis in scheinbar teuflischer Absicht in Aktion. Mit weitausholender Geste hieb er das Halteseil des Aufzugs durch einen Schwertstreich entzwei. Unter dem entsetzten Aufschrei der Menge sackte der Aufzug nach unten, wurde aber schon nach dreißig, vierzig Zentimetern durch den Sicherheitsmechanismus gestoppt.

Eine Aufzugsanlage mit farbigem Liftboy um 1890. Auf dem Kabinendach befindet sich der Geschwindigkeitsbegrenzer.

Und Otis verbeugte sich unter brausendem Beifall, schwenkte seinen Zylinder und rief sein berühmtes »All safe, gentlemen! All safe!« (Was man frei mit »Alles hat ganz sicher funktioniert, alles in Ordnung, nichts passiert!« übersetzen kann.) Der erste Fahrstuhl wurde in Chicago installiert, schon vor dem großen Brand, im Farwell-Gebäude, das man deshalb das »Elevator-Building«, das »Aufzugs-Haus« nannte. Er wurde noch mit Hilfe einer Dampfmaschine betrieben.

Als dann um 1880 der elektrische Aufzug erfunden war, stand der Entwicklung der Wolkenkratzer nichts mehr im Weg, nun konnten sie höher und immer höher wachsen. Interessant ist, daß sich die Zeit, die man braucht, um vom Erdgeschoß bis zum letzten Stockwerk zu fahren, im Lauf von hundert Jahren nicht verändert hat, obwohl jetzt die Gebäude zehnmal so hoch sind wie früher.

Der Lift im Elevator-Building brauchte um die Jahrhundertwende 30 Sekunden, um vom Erdgeschoß ins vierte, das letzte, Stockwerk zu gleiten. Genauso lange braucht heute ein Aufzug, um ins 100. Stockwerk eines modernen Wolkenkratzers hochzuschießen. Der erste Aufzug fuhr eben gemütlich, mit 20 cm in der Sekunde. Moderne Aufzüge haben eine Geschwindigkeit von 10 Metern/ Sekunde (das sind immerhin 36 Stundenkilometer). Viele Liftbenutzer würden beim Abwärtsfahren vor Schreck erstarren, wenn der Aufzug Fenster hätte und sie auf diese Weise mitbekämen, wie schnell er nach unten fällt.

Oben links: Der erste elektrische Aufzug der Welt, erbaut von Werner Siemens, wurde auf der Pfalzausstellung in Mannheim 1880 zum ersten Mal gezeigt.

Rechts: Das Home Insurance Building, 1883–85 von Le Baron Jenney gebaut.

Unten: Der »Business District« von Chicago in den zwanziger Jahren.

Wie es weiterging

Der erste Wolkenkratzer von L. B. Jenney fand in Chicago bald eine ganze Reihe von Nachfolgern. 1894 baute die Reliance-Gesellschaft (bezeichnenderweise wieder eine Versicherungsfirma) ein berühmtes 15stöckiges Gebäude, dessen Fassade ganz aus Glas und weißen Wandfliesen bestand. Viele andere, noch höhere Bauten folgten.

Aber die Brandkatastrophe war immer noch nicht vergessen, wirkte noch nach. Was ist, fragte man sich, wenn so ein hohes Gebäude Feuer fängt?

Im Jahr 1900 verfügte deshalb der Bürgermeister von Chicago, daß kein Gebäude die Höhe von 260 Fuß (ca. 80 m) überschreiten dürfe.

In New York gab es keine Bauvorschriften, die Höhe eines Wolkenkratzers betreffend. So entstand dort 1908 der bis dahin höchste Büroturm mit 187 m Höhe. Fünf Jahre später wurde zum erstenmal die 200-m-Grenze überschritten, eine Versicherungsgesellschaft errichtete ein Gebäude von 213 m. Und ein Jahr später hatte New York bereits zehn Wolkenkratzer, die höher als 200 m aufragen.

Im Jahr 1930 schließlich mußte der Eiffelturm in Paris (300 m hoch) den ersten Platz unter den höchsten Türmen der Welt räumen. Nun war der Chrysler-Wolkenkratzer fertig, der höchste und schönste Wolkenkratzer New Yorks, und damit der Welt. 306 m ist er hoch, und seine Spitze aus Nirosta-Stahl kratzt wirklich an den Wolken.

Zehntausend Menschen arbeiten in diesem Haus. Im Eingangsgeschoß des Gebäudes, das jährlich von einer Million Touristen besucht wird, kann man ein Faltblatt kaufen, in dem über das Haus und seine Baugeschichte berichtet wird. Eine Unmenge von Zahlen sind darin zusammengetragen. Da liest man etwa, daß der Wolkenkratzer 77 Stockwerke, 32 Aufzüge, 3750 Fenster und 200

Linke Seite: Die alte Ansichtskarte zeigt das Woolworth Building in New York – 1926 das größte Gebäude der Welt.

Diese Seite, links: Das Chrysler Gebäude mit der imposanten Stahlspitze.

Oben: Das Reliance Building in Chicago von 1894.

Treppenabsätze hat. Nacht für Nacht sind 350 Leute mit Staubsaugern unterwegs, um das Gebäude zu reinigen, bei dessen Bau man 4 Millionen Ziegelsteine, 50 Kilometer Wasserrohre, 1000 Kilometer Elektrokabel und 21 Millionen Kilogramm Stahl verarbeitete. Und es gibt einen Mieter im Haus, wird stolz berichtet, auf dessen Namen (und Kosten) allein 1000 Telefonanschlüsse laufen.

Aber all diese Rekordzahlen konnten nicht verhindern, daß das Chrysler-Haus bereits ein Jahr später, 1931, nur noch der zweitgrößte Wolkenkratzer der Welt war. Inzwischen hatte man acht Straßen weiter das Empire-State-Building gebaut, das mit seinen 381 m mehr als 40 Jahre lang das höchste Gebäude der Welt bleiben sollte.

In diesen 40 Jahren wurde es zum Inbegriff des amerikanischen Wolkenkratzers; überall in der Welt kannte man seinen typischen Umriß mit den treppenförmig zurückspringenden Dachgeschossen, aus denen eine überhohe, spitze Radioantenne vorstach. Die New Yorker waren mächtig stolz auf dieses Wahrzeichen ihrer Stadt. Kein Wunder, daß sich der Riesenaffe im Film »King Kong« ausgerechnet das Empire-State-Building aussuchen mußte, um daran hochzuklettern und von der Spitze aus die Flugzeuge aus der Luft zu angeln.

Als das Gebäude schließlich 1972 seinen ersten Platz abgeben mußte, konnten sich die New Yorker wenigstens damit trösten, daß sein Nachfolger in derselben Stadt stand, ein paar Kilometer weiter südlich, an der äußersten Spitze von Manhattan: Das Welthandelszentrum mit seinen Zwillingstürmen, die beide 412 m hoch sind.

Aber die Bewohner Chicagos hatten nie vergessen, daß doch eigentlich ihrer Gemeinde der Ruhm als Stadt der Wolkenkratzer gebührte. Schließlich waren die hier erfunden und als erstes gebaut worden. Nun hatte ihnen

Linke Seite: Das River-Haus in New York, mit eigener Schiffsanlegestelle (um 1930).

Unten: Das Empire State Building auf einer gezeichneten Ansichtskarte.

Oben: Ein Blick auf die Zwillingstürme des World Trade Center.

Rechts: Majestätisch hebt sich der Sears Tower – das bis heute höchste Gebäude der Welt – von seiner Umgebung ab.

New York in den Augen der Welt längst den Rang abge-
laufen. Das mußte anders werden!

Noch während die im fernen New York an ihrem Welthandelszentrum arbeiteten (zwölf Jahre baute man
daran), fing man in Chicago an, die Fundamente für ein
Bauwerk zu legen, das jenes in New York gleich wieder
aus dem Guinness-Buch der Rekorde streichen sollte.

Und so kam es dann auch: Die New Yorker hatten gerade
so richtig mit dem Jubel über ihr neues Welthandelszentrum und seine Superlative angefangen, da mußten sie
schon wieder aufhören und widerwillig zugeben, daß sie
geschlagen waren. Der Sears-Tower, der Büroturm der
Firma Sears in Chicago, in nur drei Jahren gebaut, war mit
seinen 103 Stockwerken und einer Höhe von 443 m eindeutig der höchste Wolkenkratzer der Welt. Und das ist er
bis heute geblieben.

Über die Wolken hinweg ragt das
Woolworth Building auf dieser
Ansichtskarte.

Abzählvers

1.
(Mit viel R!)

Auf den runden
Rathausturm
kriecht ein roter
Regenwurm.
Kommt ein Riesen-
Regensturm,
bläst den roten
Regenwurm
runter von dem
Rathausturm.
Du bist unten!

2.
(Für alle, die gern
schnell abzählen)

Kriecht ein Wurm
auf den Turm.
Kommt ein Sturm,
bläst den Wurm
von dem Turm.

(Das wurmt den Wurm).

Stellvertreter im Turm

Der Turm diente bis in die Neuzeit hinein als Gefängnis,
viele Turmhüter waren eigentlich Gefängniswärter. (Das
gilt allerdings nicht für die Türmer auf den *Kirch*türmen.)
Daß so ein Turmhüter recht gefährlich lebte, zeigt ein
Auszug aus einem Statutenbuch von 1572:
»Wenn durch des Turmhüters gefährlichen Unfleiß ein
Gefangener aus dem Turm entflieht, soll der Turmhüter
die Strafe erleiden, die dem Gefangenen auferlegt war.«
Da immer wieder einzelnen Gefangenen die Flucht
gelang, wurden viele Turmhüter jahrelang in den Turm
gesteckt, einige sogar stellvertretend gehenkt.

Tafel auf dem Turm der Frauenkirche

»Am Nachmittag des 11. November 1836 trafen sich als
zufällige Besucher auf dem Turm: Herr Johann Hirn, Herr
Johann Herz und Herr Johann Leberwurst.« Der Türmer,
der dieses kuriose Ereignis auf einer Tafel verewigte,
hieß ebenfalls Johann mit Vornamen: Johann Seehofer.

Sanfter Sturz

In der Chronik der Stadt Heilbronn wird berichtet, daß sich ein Knabe bei der Turmmusik auf dem Kiliansturm zu weit nach vorne beugte und vom Turmkranz nach unten stürzte.

Glücklicherweise wirkte aber sein Chorrock wie ein Fallschirm, blähte sich auf, der Knabe schwebte hinab und verstauchte sich beim Aufprall auf dem Pflaster lediglich den Knöchel.

Aus dem »Deutschen Sprichwörter-Lexikon« von 1876

Wer im Turm sitzt, hat immer Winter.

Wenn ein Turm fällt, entsteht viel Staub.

Wer auf den Turm steigt, muß auch wieder herabsteigen.

Einem den Turm zeigen (Bayrische Sitte: Ihn mit beiden Händen am Kopf in die Höhe heben).

Ein anderer soll nicht auf meinem Turm läuten!

Wenn der Türmer Feuer ruft, hat er genug gelöscht.

Je höher der Turm, desto schöner das Geläut.

Ich habe schon höhere Türme fallen sehen!

Die Turmuhr fragt die Taschenuhr nicht, wie spät es ist.

Je größer der Turm, desto größer sein Schatten.

Allerlei Turmkatastrophen

Hier soll von Turmkatastrophen berichtet werden, von Einstürzen und Bränden, Blitzschlägen und Erdbeben, Flutwellen, Stürmen und Explosionen, welche Türme schlimm beschädigten oder zu Fall brachten.

Wie aus dieser Aufzählung schon hervorgeht, ist dabei mehr an Naturkatastrophen gedacht, weniger an Turmzerstörungen, die von Menschen absichtlich herbeigeführt wurden, etwa in Kriegszeiten und bei der Erstürmung einer Burg.

Das Schicksal einer Burg war es ja geradezu, irgendwann einmal vom Feind in Schutt und Asche gelegt zu werden. Im frühen Mittelalter hielten die Burgen und ihre Fluchttürme (Bergfried genannt) zwar ab und zu einer Belagerung stand. Aber mit der Erfindung der Kanonen war die Zukunft der meisten Burgen besiegelt: Es gibt in Deutschland wenige, die nicht im Lauf ihrer Geschichte ganz oder teilweise zerstört wurden.

Mehr als 10 000 Burgen standen um das Jahr 1400 in Deutschland. Davon stehen heute nur noch einige hundert, und auch davon ist ein großer Teil erst im 19. Jahrhundert wieder aufgebaut worden.

Ähnlich ist es mit den mittelalterlichen Stadttürmen in Italien, die den heillos zerstrittenen, untereinander verfeindeten Familien der Stadt als Stützpunkt und Zuflucht dienten. Allein in Florenz, Siena und Bologna sollen Hunderte solcher Familientürme gestanden haben. Wenn man sich anschaut – zum Beispiel auf dem Kupferstich von Benvenuto Disertori –, mit wieviel Auf-

Der Stahlstich zeigt die Ruine Fürstenberg mit dem hochaufgerichteten Bergfried.

Links: Vierzehn Familientürme haben in San Gimignano überlebt. Auf dem Bild sind einige davon zu sehen.

Der Kupferstich von Benvenuto Disertori zeigt anschaulich, mit wieviel Aufwand man im Mittelalter die Türme der anderen zerstörte.

wand an Phantasie und Erfindungskraft die Menschen damals darangegangen sind, sich gegenseitig ihre Türme zu zerstören, mit Kanonen, Feuer, Leitern, Belagerungsmaschinen, Kränen und Steinschleudern, dann muß man sich wundern, daß überhaupt einer stehengeblieben ist. Und daß in dem toskanischen Städtchen San Gimignano sogar vierzehn überlebt haben, wird ja auch durch Millionen von Touristen gebührend gewürdigt.

Das Ullstein-Fremdwörter-Lexikon liefert darüber hinaus gute Gründe, alle Wehrtürme hier wegzulassen. Es erklärt »Katastrophe« so: »Ein schnell und *unvorhergesehen* einsetzendes Unglück großen Umfangs.«

Wer viel seiner Zeit dazu verwendet, Burgen und Türme von anderen zu zerstören, darf sich nicht wundern, wenn irgendwann auch der eigene Turm zu Schaden kommt. Insofern ereignet sich die Zerstörung eines Wehrturms nie ganz unvorhergesehen und kann zwar ein Unglück sein, das viel persönliches Leid mit sich bringt, ist aber keine Katastrophe im Sinn des Wortes.

Turmeinstürze

Während der Vorarbeiten zu diesem Kapitel habe ich eine kleine, ganz private Befragung unternommen und etwa zwanzig Personen gebeten, mir das Ende der bekannten biblischen Geschichte vom Turmbau zu Babel zu erzählen. Nahezu alle (auch zwei Pfarrer unter ihnen) glaubten sich zu erinnern, daß der Turm am Schluß von Gott zerstört wurde oder doch wenigstens eingestürzt sei. Dabei ist in der Bibel (1 Moses 11 – wie wir gesehen haben) nie die Rede von einem Einsturz. Es wird lediglich berichtet, die Babylonier hätten aufgehört, an der Stadt und am Turm zu bauen, da ihre Sprache verwirrt wurde.

Daß sich so viele an den einfallenden Turm zu erinnern glaubten, hängt sicherlich mit den bildlichen Darstellungen zusammen, die sie im Lauf ihres Lebens mehr oder weniger bewußt angeschaut haben. Denn vom frühen Mittelalter bis in die Neuzeit hinein haben sich die Maler immer wieder vom Bibeltext gelöst, um die Turmgeschichte als Strafgericht Gottes, als grandiose Turmkatastrophe darstellen zu können.

In den frühen romanischen und gotischen Buchmalereien ist das strafende Eingreifen Gottes besonders anschaulich dargestellt: Da streckt Gott eine Hand aus der Wolke hervor und rüttelt so stark am Turm, daß die Steine und Trümmer fliegen. Auf einer anderen Darstellung streckt Gott gar eine große Gabel aus der Wolke und schubst damit den Turm um. Oder er hat seine Engel mit dem Zerstörungswerk beauftragt, und man sieht sie links und rechts der Turmspitze, wie sie die obersten Stockwerke des Turms nach unten kippen. Auf späteren Bildern wird das göttliche Eingreifen nicht mehr so handfest dargestellt, man sieht jetzt mehr die Folgen des Strafgerichts. Den einstürzenden Turm, die herabfallenden Mauerteile, die Mensch und Vieh erschlagen, den Schrecken und die Flucht der Leute.

Daß man im Mittelalter eine so große Vorliebe für die bildliche Darstellung von Turmkatastrophen hatte (und dabei sogar eine Verfälschung des Bibeltextes in Kauf nahm), hängt sicher damit zusammen, daß man Turmeinstürze aus eigener Anschauung kannte.

Nicht umsonst sagt ein mittelalterliches Sprichwort: »Hohe Türme fallen leicht ein.« Je höher ein Turm ist, desto verhängnisvoller wirken sich selbst kleine Fehler bei der Planung und Berechnung aus, desto mehr besteht Gefahr, daß die Fundamente dem Druck der Steinmassen nicht mehr standhalten und absinken oder gar wegkippen, desto gefährlicher wirken sich Materialfehler aus und desto mehr ist der Turm den Windkräften ausgesetzt. Wie sehr die scheinbar so fest und unerschütterlich aufragenden Turmriesen selbst auf kleine Erschütterungen und Vibrationen reagieren, haben Messungen am Turm des Stephansdoms (am »Alten Steffel«) in Wien ergeben: Fährt unten ein Auto über den Domplatz, schwankt oben die Turmspitze um 13 mm.

Der Einsturz des Turmes von Babel, wie ihn sich Cornelis A. Teunissen um 1540 vorstellte.

Da in der späten Gotik – wie schon beschrieben – zwischen den Städten ein regelrechter Wettbewerb um den höchsten Turm stattfand, wurden die Türme immer höher, wurden immer schneller gebaut – und fielen dementsprechend oft wieder ein. Eine Aufzählung sämtlicher Turmeinstürze würde Seiten füllen. Es gibt kaum eine große, vieltürmige Stadt, in deren Chronik nicht von einem Turmeinsturz berichtet wird.

Geradezu dramatisch verlief die Baugeschichte der Kathedrale von Beauvais in Nordfrankreich, die sich jahrhundertelang hinzog. Eigentlich ist es die Geschichte zweier rivalisierender Nachbarstädte, Beauvais und Rouen.

Im Jahr 1246 stürzte die romanische Kathedrale in Beauvais nach einem Brand ein. Da man im benachbarten Rouen gerade mit dem Bau einer gotischen Kathedrale

Die Karte »Der Turm« aus dem alten Wahrsagespiel Tarot. Gezeigt wird eigentlich eine Turm*katastrophe*. Die Karte hat eine negative Bedeutung, sie steht für Ruin, Haß, Bestrafung, Hoffnungslosigkeit und Selbstmordabsichten.

begonnen hatte, deren Gewölbe die sensationelle Höhe von 40 Metern haben sollte, beschloß man in Beauvais, die alte Kathedrale nicht mehr aufzubauen, sondern an ihrer Stelle eine neue gotische Kathedrale zu errichten, mit einer Gewölbehöhe von 48 Metern.

Siebenunddreißig Jahre baute man an der Kathedrale, da stürzte 1284 der ganze, noch unvollendete Bau ein. Die Pfeiler hatten dem Druck des Gewölbes nicht standhalten können. Unverdrossen ging man nach dem zweiten Einsturz der Kirche wieder an die Arbeit. Den Plan, ein Gewölbe zu bauen, das 48 Meter hoch sein sollte, behielt man bei, trotz der schlechten Erfahrung. Man verdoppelte eben die Zahl der Pfeiler.

Zweihundert Jahre zogen sich die Bauarbeiten hin, oft unterbrochen durch Geldmangel, dann war das Kirchenschiff endlich fertig. Nun konnte man den Vierungsturm planen.

Der höchste Turm der Welt war damals der Straßburger Münsterturm mit 142 m. Folglich, beschlossen die Bürger von Beauvais, würde ihr Turm 145 m hoch in den Himmel ragen. Drei Meter höher als Straßburg. Unverzüglich fingen sie an zu bauen.

In der Zwischenzeit war aber auch in der Kathedrale der Nachbarstadt Rouen ein Brand ausgebrochen, dem der Turm zum Opfer gefallen war. Auch die Bürger von Rouen gingen daran, den Turm neu aufzubauen.

Zuerst schickten sie einen Spion aus, der herausfinden sollte, wie hoch die in Beauvais ihren Turm geplant hatten. Der Spion leistete gute Arbeit, und man konnte in Rouen dem Meister Desperrois den Auftrag erteilen, einen Turm von 150 m Höhe zu entwerfen. Fünf Meter höher als in Beauvais.

Kurz bevor der Turm in Beauvais beendet war, kam die Ernüchterung. In Rouen hatte man inzwischen schon den neuen Turm gebaut. Und der war, wie geplant, 150 m hoch geworden. Man hatte den Turm so schnell hochziehen können, weil der überhohe Turmhelm nicht wie üblich aus Stein, sondern nur aus Holz bestand. Die Bewohner der Stadt Beauvais waren enttäuscht und zornig zugleich. Mehrere hundert Jahre hatte man an Kirche und Turm gebaut, und nun konnte sich die Nachbarstadt rühmen, den höchsten Turm der Welt zu besitzen.

Aber der Baumeister Jehan Vast in Beauvais wußte Rat: Wenn man auf den 145 m hohen Turm ein acht Meter hohes Kreuz setzte, schlug er vor, würde die oberste Spitze des Kreuzes 153 m in den Himmel ragen.

Sein Trick fand die begeisterte Zustimmung des Stadtrats und des Bischofs. Als der Turm wenig später beendet war, krönte man ihn mit einem zentnerschweren, 8 m hohen Kreuz aus Eisen. Rouen war um 3 m geschlagen!

Am Himmelfahrtstag 1573 wollte man das Ereignis wie in den vier vorausgegangenen Jahren auch mit einem feierlichen Hochamt nebst anschließendem Zug durch die Stadt feiern. Der Gottesdienst war vorbei, man stellte sich vor der Kathedrale zur Prozession auf; die mitgeführten Kirchenfahnen flatterten, denn es ging ein starker Wind. Die Kirchgänger schauten ein wenig besorgt zu ihrem höchsten Kirchturm der Welt hinauf: Das Turmkreuz wurde von heftigen Windböen gebeutelt. Da oben, in 150 m Höhe, schien ein noch viel stärkerer Wind zu wehen. Das Kreuz schwankte, trotz seines enormen Gewichts. Würde die Verankerung halten?

Instinktiv zogen sich die Menschen einige Meter zurück, weg vom Turm, um nicht getroffen zu werden, wenn das Kreuz herabstürzen sollte. Dann ging ein Aufschrei durch die Menge. Die Wände des Kirchenschiffs, die mächtigen Pfeiler, auf denen der Vierungsturm ruhte, brachen aus, wurden nach außen gedrückt.

Der Turm in einem chinesischen Tarotspiel.

Die Kathedrale von Rouen auf einem Stahlstich von 1810.

Unter schrecklichem Getöse stürzte der Turm ein und fiel auf das Kirchendach.

Als sich die Staubwolke endlich aufgelöst hatte, erkannten die entsetzten Menschen auf dem Platz erst das ganze Ausmaß des Unglücks: Nicht nur der Turm war eingefallen, er hatte im Niederstürzen die ganze Kirche eingerissen. Von der Kathedrale in Beauvais, an der man dreihundert Jahre gebaut hatte, war nur noch ein mächtiger Steinhaufen übrig.

Nun hatte wieder Rouen den höchsten Turm der Welt, bis dieser 1822 bei einem Blitzschlag Feuer fing und auch einstürzte.

Manchmal kam es auch zu Turmeinstürzen, die weniger dramatisch, sondern eher kurios verliefen.

Da hatte zum Beispiel der Turm der Katharinenkirche der Stadt Brandenburg nach einem Erdbeben 1580 bedenkliche Risse gezeigt und sich um fast zehn Zentimeter geneigt. Der Rat der Stadt beschloß deshalb, vorsorglich die Glocken von dem Turm herabnehmen zu lassen, und beauftragte den Türmer damit. Da der allein mit der Arbeit überfordert gewesen wäre, gestand man ihm drei Gesellen zu, Antonius Storteweis, 20 Jahre, Andreas Drichel, 17 Jahre, und George Wulff, mit 16 Jahren der Jüngste. Die Stadtchronik berichtet, daß es dem Türmer oben auf dem beschädigten Turm nicht wohl gewesen sei, weshalb er am Abend des 29. März 1580 mit seiner Frau und seinem Kind den Turm verließ. Nicht ohne vorher den drei Gesellen noch einmal eingeschärft zu haben, da oben gut zu wachen.

Der älteste der Gesellen blies abends um neun und nachts um drei einen Choral vom Turm, dann legte er sich zu den anderen schlafen. Kurz darauf stürzte der Turm ein. Die drei Gesellen aber fielen in ihren Betten weich von der Türmerstube herunter und blieben wie durch ein Wunder unverletzt.

Leichte oder schwere Erdbeben haben – wie hier in Brandenburg – häufig bei Turmeinstürzen nachgeholfen. Der berühmte Pharos in Alexandria wurde wahrscheinlich durch ein Erdbeben zerstört, ebenso der Campanile des Markusdomes in Venedig. (Den man im Gegensatz zum Pharos wieder aufbaute.)

Nicht nur in den klassischen Erdbebengebieten um das Mittelmeer wurden Türme durch Beben zerstört, auch in Heilbronn, in Wien oder in Straßburg wurden Beschädigungen durch Erdbeben vermerkt. In Straßburg wurde bei einem Erdbeben am 3. August 1728 aus einer riesigen Wasserwanne, die zu Löschzwecken auf der Turmplattform stand, »das Wasser meterhoch gehoben und 18 Fuß (3,70 m) weit weggeschleudert«.

Doch Erdbeben solcher Stärke kamen gottlob nur selten vor. Viel häufiger setzten Stürme und Orkane den Türmen zu. In der Nacht vom 14. auf den 15. Februar 1648 blies zum Beispiel ein Orkan den Katharinenturm in Hamburg um. Niemand wurde dabei verletzt, obwohl sich einige wirklich in großer Gefahr befunden hatten: So schlug ein mächtiger Balken durch die Wand eines Zimmers, in dem ein Kind und seine Amme schliefen, fiel zwischen ihnen zu Boden, verletzte aber die beiden nicht, sondern schreckte sie nur aus dem Schlaf.

Eine Inschrift beim Haupteingang der Kirche erzählt von dem Einsturz:

»Mensch, schau, was Gott getan, darob man sich verwundert!

Da man geschrieben hat Eintausend und sechshundert nach unsres Herrn Geburt und achtundvierzig Jahr, des morgens um drei Uhr, den fünfzehenden Februar, die schöne Spitz der Kirch, die Zierde dieser Landen

»La Maison de Dieu«, der vom Blitz getroffene Turm in einem französischen Tarotspiel.

und ehrenreichen Stadt, nachdem sie war gestanden
nur fünfundvierzig Jahr, fiel durch des Wetters Knall
und Windes Ungestüm den unverhofften Fall!
... Dies hat verhänget Gott von wegen deiner Sünde,
die eine Ursach ist so großer Stürm' und Winde!«
Die letzten beiden Zeilen zeigen, daß früher solche ele-
mentaren Ereignisse in erster Linie als Fingerzeig und
Strafgericht Gottes angesehen wurden.
Der Rat der Stadt Hamburg zog auch gleich die Konse-
quenzen daraus und verbot mit sofortiger Wirkung das
Tanzen, um weiteren Turmeinstürzen vorzubeugen.

Blitz und Feuer

Das Tanzverbot wurde ein paar Jahre später wieder aufge-
hoben, als der Einsturz vergessen und ein neuer Turm
gebaut war. Prompt schlug der Himmel wieder zu. Diesmal nicht mit Wetterknall und Sturm, sondern mit Feuer.
1684 fing der Katharinenturm an zu brennen. Vergeblich
versuchte man, ihn zu löschen. Das Kupferdach war so
heiß, daß das darübergeschüttete Wasser mit lautem
Zischen innerhalb von Sekunden wirkungslos ver-
dampfte.
Danach baute man den Turm wieder auf. Diesmal stand
er bis 1750, dann brannte er wieder und wurde wieder
erneuert.
Im Jahr 1792 verbündeten sich Wind und Feuer gegen
ihn: Ein heftiger Sturm brachte die eiserne Stange mit der
Turmfahne so in Bewegung, daß sich durch Reibung ein
Balken stark erhitzte und sich entzündete. Auf diese
Weise brannte das Turmdach vollständig ab und mußte
erneuert werden.
Überhaupt die Hamburger Kirchen! Es gibt kaum eine,
die nicht im Lauf ihres Bestehens von ein, zwei Bränden

heimgesucht wurde. Dem großen Hamburger Stadtbrand von 1842 fielen gleich zwei Türme zum Opfer, die Türme der Nikolai- und der Petrikirche. Das Feuer brach in der Nacht aus. Die Türmer auf verschiedenen Kirchtürmen bemerkten es fast gleichzeitig und schlugen die Feuerglocke, 35 Schläge, höchste Alarmstufe. Dann hängten sie schnell eine Laterne zur Feuerseite hin aus dem Turm, um den anrückenden Feuerwehren den Weg zu weisen. Am Morgen war der Brand immer noch nicht unter Kontrolle. Viele Neugierige waren auf den Turm der Nikolaikirche gestiegen, um von dort einen Blick auf das bren-

Während der großen Hamburger Brandkatastrophe im Mai 1842 fing auch der Turm der Nicolaikirche Feuer.

Schreckliches Unheil verheißt die
Turmkarte im Tarot.

nende Hamburg zu werfen. Da fing durch Funkenflug ein Habichtsnest auf der Turmspitze Feuer, und wenige Minuten später stand das Turmdach in hellen Flammen. In panischer Flucht stürzten die Neugierigen über die wacklige Wendeltreppe nach unten.

Die Feuerwehren versuchten den Turm zu retten. Aber der Strahl der Feuerspritze reichte nicht hoch genug. Auch der Versuch, eine Menschenkette zu bilden und mit Wassereimern das Feuer zu bekämpfen, scheiterte. Es fanden sich zu wenig Helfer. Die Hamburger waren entweder damit beschäftigt, die eigene Habe in Sicherheit zu bringen oder die von ihren Besitzern verlassenen Weinkeller zu plündern.

Das Turmdach aus Kupfer fing bereits an, flüssig zu werden, dann schmolzen sogar die Glocken, und statt Wasser spien die Drachenköpfe der Dachrinne nun glühendes Kupfer.

Schließlich stürzte das ganze brennende Dach mit mächtigem Getöse nach unten ins Turminnere. Der Turm wirkte wie ein überhoher, überbreiter Kamin. Wie aus einem Vulkan schossen die Flammen nach oben.

Später zog die Feuersbrunst auf die Petrikirche zu. Man versuchte, Kirche und Turm zu retten, indem man die umstehenden Wohnhäuser sprengte. Aber alles war vergebens.

So stark war die Glut, die Hitze um den Petriturm, daß durch die erzeugten Luftbewegungen die eiserne Turmfahne oben wie rasend im Kreis herumgewirbelt wurde. Man begann, Wassereimer an Flaschenzügen hochzuziehen, um das Turmdach naß zu halten. Aber die Luft war so heiß, daß sich die Seile entzündeten und durchbrannten. Wenig später fing auch das Turmdach Feuer, stürzte mit riesiger Wucht zu Boden und bohrte sich fast vier Meter tief in das Pflaster.

Der Hamburger Michel, höchster Turm und Wahrzeichen Hamburgs, überlebte das Feuer. Ihn ereilte 1906 sein Schicksal: Bei Schweißarbeiten an der Turmuhr geriet er in Brand und stürzte ein. Ein Fotograf hatte die Plattenkamera in Position gebracht und hielt den Moment des Zusammenbruchs fest. Es ist wahrscheinlich das früheste Foto eines Turmeinsturzes.

Häufigste Ursache eines Turmbrandes war der Blitzschlag. Die Liste aller Blitzeinschläge in Türme würde nicht Seiten, sondern ganze Bücher füllen.

Allein in den Campanile von St. Markus in Venedig schlug zwischen 1400 und 1766 neunzehnmal der Blitz ein. Jedesmal wurde der Turm dabei beschädigt.

Auch die St. Lorenzkirche in Nürnberg erlebte einen Einschlag nach dem anderen. Ein Auszug aus der Chronik:

1363: Der Blitz schlägt den Turmknopf herab.

1500: Ausgerechnet am St. Lorenztag schlägt der Blitz in der St. Lorenzkirche in den Taufstein ein und tötet ein Kind, das gerade auf den Namen Lorenz getauft worden war.

1504: Der Blitz schlägt wieder in den Taufstein, der dabei zerspringt.

1505: Der Blitz zerschlägt auch den neuen Taufstein.

1535: Schon wieder schlägt der Blitz in den Taufstein, der Blitze geradezu anzieht. (Möglicherweise steht er auf einer Wasserader!)

1582: Turmhahn und Turmknopf stürzen nach Blitzschlag in die Tiefe.

1582: Im selben Jahr, am 6. Mai, schlägt der Blitz dem Türmer die Trompete aus der Hand und verletzt ihn schwer.

So geht es weiter. Vier Blitzeinschläge im 17. Jahrhun-

Der Fotograf hatte die Geistesgegenwart und fotografierte den Turm der Hamburger Michaeliskirche 1906 genau im Augenblick des Einsturzes.

Diese Zeichnung zeigt den Brand des Nürnberger St. Lorenzkirchturmes am 6. Januar 1865.

dert, drei im 18. Jahrhundert. Dann schließlich der verhängnisvollste:

1865: Am 15. Januar setzt der Blitz den nördlichen Turm in Brand. Er brennt völlig ab.

Daß noch im 19. Jahrhundert ein Turm durch Blitzschlag in Brand geriet, ist ungewöhnlich. Im allgemeinen hört die Chronik der Brände durch Blitzschläge um das Jahr 1800 auf. Denn 1758 hatte der bedeutende amerikanische Staatsmann und Schriftsteller Benjamin Franklin den Blitzableiter erfunden. Schon zwei Jahre später wurde das erste Modell am Haus des Kaufmanns West in Philadelphia angebracht. Es dauerte allerdings eine ganze Weile, bis sich das nützliche Gerät auch in Europa durchsetzen konnte.

Vor Benjamin Franklin hatte man nicht gewußt, daß Blitze elektrische Entladungen sind. Man nahm an, daß beim Gewitter sogenannte Donnersteine beim Aufprall Gebäude zerstörten, Bäume spalteten und Menschen töteten.

Deshalb wollte man in Europa nicht so recht an die Gewitterelektrizität glauben und hielt die neumodischen Blitzableiter für gefährlich, wenn nicht gar unchristlich. Als 1777 der erste italienische Blitzableiter auf dem Domturm von Siena errichtet wurde, gab es große Erregung unter der Bevölkerung, die sich über die »Ketzerstange« gar nicht beruhigen konnte. Zur gleichen Zeit wollte der bayerische Kurfürst Karl Theodor als erster deutscher Fürst auf seiner Münchener Residenz Blitzableiter anbringen lassen. Die Folge: Seine sonst so braven Untertanen liefen gegen den Plan Sturm, die Arbeiten mußten unter Waffenschutz ausgeführt werden, es kam zu einem kleinen Aufstand. Fast hätte ihn der Blitzableiter die Regentschaft gekostet.

Links: Benjamin Franklins erster Blitzableiter, Holzstich 1870.

Mitte: Auf dem Domturm von Siena wurden die ersten italienischen Blitzableiter installiert: Auf allen fünf Turmspitzen einer – und sogar vergoldet!

Rechts: Benjamin Franklin (1706–1790), amerikanischer Politiker, Schriftsteller und Erfinder.

Aber schließlich setzte sich – wenn auch recht zögernd – der Blitzableiter allgemein durch. Und Turmbrände durch Blitzschlag hörten – bis auf den von Nürnberg – fast völlig auf.

Der erste in Europa angebrachte Blitzableiter (1760, wenige Monate nach dem ersten überhaupt), befand sich übrigens auf dem Leuchtturm von Eddystone.

Vom wechselvollen Schicksal dieses Turms soll im nächsten Abschnitt erzählt werden.

Der Leuchtturm von Eddystone

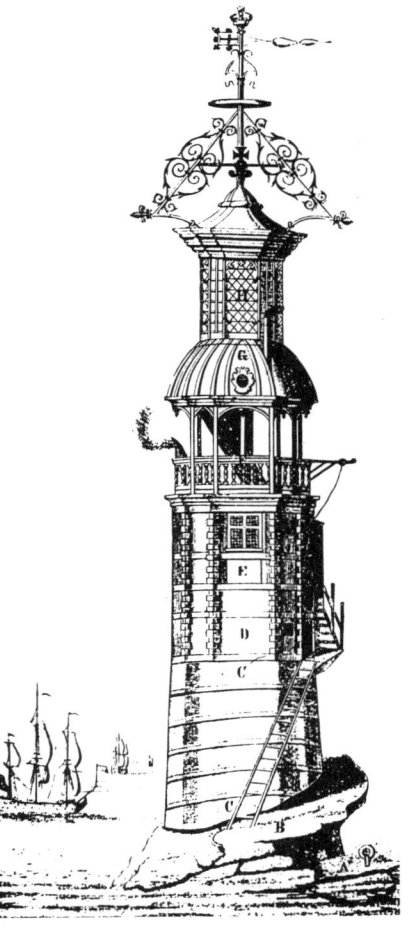

Eddystone ist ein gefährliches Riff vor der Küste Englands, 17 km südlich des wichtigen Hafens Plymouth gelegen. Die Untiefe ist vom Schiff aus kaum zu erkennen, nur ein winziger Felsen ragt über die Wasserfläche. Bei hohem Seegang ist er ganz vom Wasser überspült.

Da an diesem Riff viele Handelsschiffe gestrandet waren, beschloß man Ende des 17. Jahrhunderts, dort einen Leuchtturm zu errichten. Dieser Leuchtturm wurde ein technisches Meisterwerk. Man findet kaum eine Zeitschrift für Jugendliche, kaum ein Wochenblatt für Erwachsene im 18. und 19. Jahrhundert, wo nicht irgendwann vom Leuchtturm von Eddystone erzählt wird. So auch im »Pfennigmagazin« von 1833 und den »Bildungsblättern« von 1838, die hier abwechselnd zu Wort kommen sollen:

»Bei ruhiger See ist die Aussicht von diesem Leuchtturm köstlich gegen die Küste Englands hin. Boote können mit Sicherheit anlanden, und weit umher verbreitet die Laterne auf der Spitze ihr wohltuendes Licht.

Aber wie ganz anders wird die Szene, wenn ein Sturm das Meer empört und ungeheure Wellen emportürmt. Sie schwingen sich an dem Turm empor, umschließen ihn völlig und stürzen über seiner Spitze zusammen.«

Man kann sich denken, daß es nicht einfach war, ein standfestes Gebäude auf eine so kleine Grundfläche zu setzen. Einen Turm, der derartigen Belastungen trotzen konnte.

Der erste Baumeister, der dieses Wagnis auf sich nahm, hieß Henry Winstanley. 1698 begann er mit dem Bau.

Obwohl es mit dem Turm selbst wenig zu tun hat, möchte ich hier ein wenig den Erfindungsreichtum Winstanleys schildern. Sein Haus in Littleburg war als kleines Wunderwerk und Kuriositäten-Kabinett weithin berühmt:

»Überall waren Wunderdinge zu sehen. Trat man da oder

dort mit dem Fuß auf eine bestimmte Stelle, so sprang ein
Gespenst aus der Erde hervor. Setzte man sich auf einen
gewissen Stuhl, so starrten augenblicklich von allen Sei-
ten fürchterliche Waffen dem Ungewarnten entgegen.
Und nahm man Platz in einem hohlen Baum am Ufer
eines Kanals im Garten, so schleuderte eine geheime
Kraft den Sitzenden hinaus und im Fluge ins Wasser.
So zeigte der Mann, daß er fähig zu größeren, gemeinnüt-
zigen Unternehmungen sei.«
Herr Winstanley fing damit an, zwölf tiefe Löcher in den
Felsen zu bohren und starke Eisenstangen hineinzustek-
ken. Dann goß er die Löcher mit Blei aus und begann,
einen Turm um die Eisenstangen zu mauern.
Doch nun ereignete sich der erste unglückliche Vorfall,
der den Turmbau unterbrach. Winstanley und seine

Linke Seite: Der erste Leuchtturm
von Eddystone. Er wurde 1697
errichtet und 1703 zerstört.

Oben: Die beiden Bilder aus dem
»Pfennigmagazin« von 1833 zeigen
den Leuchtturm von Eddystone einmal (links) bei schönem Wetter und
ruhiger See und einmal (rechts)
inmitten der vom Sturm aufge-
wühlten Wellen.

Grelle Blitze, haushohe Wellen und einige Schiffe in Seenot. Viel Sinn für Dramatik zeigt hier der Zeichner des Bildes »Der Leuchtturm von Eddystone bei Sturm«.

Männer fielen Seeräubern in die Hände, die sie gefangennahmen und auf ihr Schiff brachten.

Es dauerte geraume Zeit, bis es der englischen Regierung gelang, die Gefangenen freizukaufen. Kaum war das Lösegeld bezahlt, machten sich Winstanley und seine Leute wieder an die Arbeit. Da unterbrach ein zweites, unglückliches Ereignis die Bauarbeiten. Ein Sturm kam auf, ein mächtiger Orkan, wie man ihn seit Jahrzehnten nicht erlebt hatte.

Kein Schiff konnte beim Leuchtturm anlegen, um die Arbeiter vom Felsen zu holen. Zwölf Tage hielten sie dem Sturm stand, ohne Wasser, ohne Nahrung, nur durch die inzwischen mannshohen Mauern vor den tobenden Wellen geschützt.

Als sich der Sturm legte, waren die Männer völlig entkräftet; mehr tot als lebendig wurden sie zur Erholung an Land gebracht. Ein Jahr später wurde der Turm trotzdem fertig und in Betrieb genommen. Im selben Jahr gab es schon die ersten Sturmschäden. Winstanley ließ sich auf den Felsen bringen und besserte die Schäden eigenhändig aus. Sachkundige äußerten Zweifel, ob der Turm auf Dauer den Wellen standhalten konnte.

»Voll Verdruß, daß man Zweifel in seine Baukunst setzte, sagte Winstanley: Ich wünsche nichts mehr, als während des heftigsten Orkans, der je unter dem Himmel gewütet hat, auf meinem Turme zu sein.

Dieser Wunsch wurde ihm gewährt, aber er kostete ihn auch das Leben. Am 26. November 1703 war er mit mehreren Arbeitsleuten und den Lichtwächtern auf dem Turm, als ein so furchtbarer Sturm losbrach, wie man ihn kaum noch in England erlebt hatte.

Als sich das Unwetter am Morgen so weit gelegt hatte, daß man nachsehen konnte, ob der Leuchtturm nicht gelitten hätte, fand man von demselben außer einigen Eisenstücken keine Spur mehr. Das menschliche Kunstwerk war verschwunden, und die Menschen in den Fluten begraben.«

Auf Befehl der Königin Anna wurde 1706 mit dem Bau eines neuen Turmes begonnen. Baumeister war jetzt John Rudyerd, ein Seidenhändler. Er baute den Turm ganz aus Holz, aus senkrechten Balken, und füllte das Turminnere mit großen Steinen.

»Dieses Kunstwerk trotzte 46 Jahre allen Wogen und Stürmen; als ein anderes Element, das Feuer, es im Jahre 1755 bis auf den Grund verwüstete.«

Der Turmwärter, der sich während des Brandes am Rand

des Felsens, halb im Wasser liegend, an die Steine klammerte, um weder ein Opfer des Feuers noch der See zu werden, wurde zwar gerettet, verlor aber den Verstand darüber. Als man ihn endlich auf das Festland gebracht hatte, lief er an seiner ihn sehnlichst erwartenden Frau vorbei, ohne sie zu erkennen, rannte davon und blieb von dieser Stunde an verschollen. Man hat nie mehr etwas über ihn und sein weiteres Schicksal in Erfahrung gebracht.

Zwei Jahre später, 1757, unternahm der dritte Baumeister, Herr Smeaton, den dritten Versuch. Sein Leuchtturm, ein schlanker, 18 m hoher Rundbau aus Granit, widerstand bis 1882. Dann zeigten sich gefährliche Risse im Gebäude, die einen Neubau nötig machten.

Der Turm wurde Stein für Stein abgetragen und neu gesetzt. Er ist noch heute in Betrieb.

Die kleinste Kirche der Welt

Falls man dem offiziellen Reiseführer der britischen Insel Guernsey glauben kann, steht dort die kleinste Kirche der Welt, in der Gottesdienste gehalten werden. Nur fünf Leute passen hinein. Bei einer Trauung finden also gerade der Pfarrer, das Brautpaar und die beiden Trauzeugen im Innern Platz. Die Hochzeitsgäste müssen draußen bleiben.

Wie der Reiseführer weiter schreibt, wurde das Kirchlein »um 1910 von einem Mönch gebaut, und zwar aus Frömmingkeitsgründen und unter Verwendung von einheimischem Porzellan, Mörtel und Schlacke«.

Die Pagode im Gleichgewicht
(Ein erdachter Turm)

Die Amerikaner des 19. Jahrhunderts hatten eine große Leidenschaft für inszenierte Eisenbahnunglücke.

Wenn, wie damals üblich, zwei führerlose Lokomotiven unter vollem Dampf mit immer größer werdender Geschwindigkeit aufeinander zurasten, standen meist Tausende, ja Zehntausende von Zuschauern auf einem Hügel in der Nähe des vorausberechneten Ortes, wo der Zusammenstoß erfolgen würde, und warteten gespannt auf den Augenblick, wo die beiden Metallgiganten krachend aufeinanderprallten, sich deformierten und meterweit durch die Luft geschleudert wurden.

In uns allen steckt eine geheime Lust an der Katastrophe. Wenn ich Kindern zuschaue, die aus Bauklötzen Türme bauen, kann ich nicht entscheiden, was ihnen mehr Spaß macht: das Auftürmen der Steine oder der Augenblick, wenn ihr Bauwerk einstürzt, die Steine mit Getöse zu Boden prasseln. Manchmal denke ich, sie bauen nur deshalb mit so viel Geduld und Behutsamkeit ihre Bausteine übereinander, weil sie wissen, daß ein Turm um so schöner stürzen kann, je höher er ist.

Je erwachsener wir werden, desto besser lernen wir es, unsere Sensationsgier zu beherrschen. Unser Verstand sagt: Es ist unsinnig, absichtlich Dinge zu zerstören. Unser Mitgefühl warnt uns: Es könnten Lebewesen dabei zu Schaden kommen!

Also nehmen wir mit Recht Abstand von mutwillig herbeigeführten Feuersbrünsten, Überschwemmungen, Eisenbahnunglücken und Turmeinstürzen.

Anders verhält es sich mit Gedankenspielen: Da kann jeder unbesorgt Züge zusammenprallen lassen, Erdbeben veranstalten und Wolkenkratzer zum Einsturz bringen, ohne daß auch nur einem Schmetterling ein Flügel geknickt wird.

So sei hier im Gedanken, auf dem Papier, einmal ein Turm konstruiert, dessen einziger, erklärter Zweck es ist, möglichst kunstvoll einzufallen.

Im vierzehnten Band des Familienblattes »Feierstunden« konnten sich die Leser an dem Bild eines mit Absicht herbeigeführten Lokomotiv-Zusammenstoßes ergötzen.

Bauplan für die Pagode im Gleichgewicht

A. *Die Bau-Elemente*

1. Auf festem, felsigem Grund errichten wir einen massiven Sockel aus Stein, etwa 2 m hoch.

2. Auf diesen Unterbau werden nun zwei rechteckige Metallplatten von beträchtlicher Stärke gelegt. Sie haben die gleiche Breite wie der Sockel, auf dem sie liegen, und stoßen in der Sockelmitte aneinander. Seitlich ragen sie weit über den Sockel hinaus.
Durch ihr großes Gewicht werden sie natürlich nach außen kippen und vom Sockel stürzen.

3. Damit dies nicht geschieht, errichten wir ein Gerüst, das sie stützt und in der Waagrechten hält. Dieses Gerüst bleibt stehen, solange der Turm gebaut wird. Später können wir es – wie man bald sehen wird – wieder entfernen.

4. Auf die überragenden Enden der Metallplatten stellen wir nun noch je eine schwere Löwenfigur. (Sagen wir:

aus Bronze, mit eingelegten Augen aus Jade unter den drohenden Stirnwülsten.)

5. Jetzt erst wird auf die Platten, genau über den Sockel, ein Turm gebaut, aus schweren Steinquadern, am besten eine Pagode. Die Pagode ist schwerer als die Metallplatten und die Bronzelöwen zusammen. Ihr Gewicht preßt die beiden Platten so fest gegen den Sockel, daß wir jetzt getrost das stützende Gerüst entfernen dürfen.

Der Turm steht fest. Durch seine Schwere hindert er die Platten daran, nach unten zu kippen.

B. Der Mechanismus

Stellen wir uns vor, jemand würde nun den Turm, von dessen Spitze beginnend, Stein für Stein abtragen. Dann wird einmal der Zeitpunkt kommen, der Zustand, wo Turm und Bronzelöwen gleich schwer sind und sich die Waage halten. Turm und Gegengewicht befänden sich genau im Gleichgewicht.

Jetzt genügt es, einen einzigen Stein, etwa von der Größe einer Rübe, nach unten zu werfen. Damit wären die Löwen schwerer als der Turm, die unten aus dem Turm ragenden Platten würden sich neigen, kippten, der Turm würde hochgeschleudert, stürzte zur Seite und fiele krachend in sich zusammen.

Wie viele Möglichkeiten kann man sich ausdenken, den labilen Turm zum Einsturz zu bringen!

Man könnte große Holzscheite auf den Turm tragen, bevor man ihn nun so weit abbaut, daß er genau im

Gleichgewicht ist. Ein großes Feuer wird auf der Turmplattform entzündet. Wenn das Holz zu Asche verbrannt ist, neigen sich plötzlich die Platten, der Turm schwankt und fällt.

Oder ein riesiger Vogelschwarm, der im Innern des Turmes gefangen saß, wird freigelassen, indem man eine Schiebetür mit einer langen Schnur aufzieht. Die Vögel fliegen auf, eine dunkle Wolke, die senkrecht aufsteigt und im Scheitelpunkt zerbirst. Und darunter stürzt der Turm, ihr Gefängnis, zur Erde.

Ein großer Eisblock, der unter den ersten Strahlen der Frühjahrssonne auf dem flachen Dach des Turmes schmilzt, läßt den Turm einstürzen, wenn das Schmelzwasser über die tiermäuligen Wasserspeier abgeflossen ist.

Geheimnisvoll wäre es, wenn der Turm aus einem See ragen, auf einer flachen Insel im Wasser stehen würde. Das aufschäumende Wasser, das Wellen auf den Strand jagt, wenn der Turm stürzt und in den Fluten versunken ist, noch ehe die zurückströmenden Wellen ihren Ausgangspunkt erreichen!

Wenn es in der Zeit, als man sich die Geschichten aus Tausendundeiner Nacht ausdachte, schon so einen Turm gegeben hätte, würde man vielleicht die Geschichte von den neun Räubern erzählt haben, die hier nun als letzte Turmgeschichte steht:

Die neun Räuber im Turm

Zu der Zeit, als der unglückliche Elfi Bey noch Bassa von El Cairo war, lebten einmal neun Räuber, die durch ihre Taten weit über ihre Heimat hinaus bekannt waren.

Ihr Prahlen über ihre kühnen Heldentaten und ihre gegenseitige Treue kam auch Selim Baruch zu Ohren, dem Großwesir von Bagdad, der Heldentaten und Treue über alles schätzte, leider aber nicht bei Räubern.

Er ließ sie lebendig einfangen, was ihn etliche seiner besten Männer kostete, rief sie vor sich und befragte sie eindringlich, ob es wahr sei, daß sie einander nie im Stich ließen. So jedenfalls singe man es bereits im Volk.

»Man rühmt allerorts eure Treue«, sagte er düster. »Man erzählt mir, wenn einer von euch gefangengenommen wurde, hätten ihn die anderen jedesmal befreit, bevor es zur Hinrichtung kam. Man berichtet mir, ihr würdet einander nie im Stich lassen. Redet man wahr?«

Derjenige, der sich als der Anführer der Räuber ausgab, antwortete Selim Baruch und sagte, sie wären ein jeder schon in der Hand von Selims Beamten gewesen (»haarlose Hunde« schimpfte er sie), aber immer wären sie durch die Übrigen befreit worden, die nie eine Gefahr gescheut hätten.

Und er trat vor, entblößte sich und zeigte stolz die Narben, die man ihm dabei eingegraben hatte.

Nach ihm trat der vor, der neben ihm stand, hob seine linke Hand, an der fehlten drei Finger, deutete mit der rechten auf einen anderen Räuber und erzählte, die Finger hätte er verloren, als er jenen aus dem Kerker des Großwesirs befreite.

Jener trat nun vor, er war ohne Ohren (die hatte man ihm aber abgeschnitten, weil er ein Dieb war), und wollte sich rühmen. Aber Selim Baruch befahl ihm heftig, sofort zu schweigen. Und noch einmal fragte er alle, ob sie der Treue der anderen Räuber wirklich auf ewig vertrauen würden, und sein Unterkiefer schob sich dabei langsam nach links und nach rechts, wie immer, wenn er nur mühsam seine Erregung beherrschte.

Sie sahen einander nur kurz an, lächelten und nickten.

Da brach der Großwesir in jähen Zorn aus, beherrschte sich nicht mehr und schimpfte sie schmutzige Räuber voll widerlichen Hochmuts.

»Ihr werdet an eurem Hochmut ersticken«, rief er. »Ich selbst, der ich ein rechtschaffener Mensch bin und die Gesetze des Propheten achte, ich selbst wage nicht zu behaupten, daß es einen meiner Untertanen gäbe, dem ich ohne Einschränkung trauen kann. Wie lächerlich und unnütz sind doch die Reden der Gesetzlosen! Selbstgefälligkeit spricht aus euren Reden, Prahlerei aus euren Beteuerungen, die weder durch die Zeit noch durch echte Not je geprüft wurden. Und eure Heldentaten zeigen nicht Treue, sondern die Sucht, sich vor anderen hervorzutun, andere durch den Glanz eurer Tapferkeit zu blenden, also Stolz, Eitelkeit und Ruhmsucht, Eigenschaften von Pfauen und Hähnen!«

Und er fügte hinzu, daß er, Selim Baruch, der Großwesir, allem Volk beweisen könne, wie schlecht es um die Treue der Räuber bestellt sei, wenn sie nur auf eine ernste Probe gestellt werde.

Die Räuber beobachteten gleichmütig, wie die Adern auf seinen glattrasierten Schläfen anschwollen, und schwiegen. Auch er schwieg nach seiner langen Rede, und eine ganze Weile betrachteten sie sich stumm. Er auf dem Gerichtsteppich sitzend, sie dichtgedrängt vor den drei rotverhüllten Stufen stehend, die vom Marmorboden des Vorsaals zu ihm hinaufführten. Schließlich befahl er seinen Männern, die Räuber in den Kerker zurückzuführen.

Am andern Morgen ließ Selim Baruch mit dem Bau eines steinernen Turmes beginnen, der nach dem Prinzip gebaut war, das wir als »die Pagode im Gleichgewicht« kennengelernt haben.

Als das Gebäude aufgerichtet war, führte man die Räuber hinein. Der Großwesir ließ neun große Steine aus dem Turm wegtragen, von denen jeder das Gewicht eines Mannes hatte. Dann befahl er, daß man die Tür des Turmes soweit zumaure, daß sich ein Mensch gerade noch mühsam durchzwängen konnte. Dann ließ Selim allen Räubern die Fesseln abnehmen, so daß sie sich in ihrem Turm frei bewegen konnten, trat vor die Tür hin und sprach zu ihnen. »Jetzt ist es an euch, eure Beteuerungen zu beweisen«, sagte er höhnisch. »Ihr seid frei, und doch aneinandergefesselt durch den Turm. Verläßt einer von euch dieses Gebäude, so gestatte ich ihm zu gehen, wohin ihn seine Schritte tragen mögen. Niemand soll ihn hindern. Aber wisset, daß in dem Augenblick, da er die anderen verläßt, der Turm einstürzen wird und alle acht unter seinen Steinen begräbt!«

Darauf verbot er dem Volk bei Todesstrafe, den Eingeschlossenen Essen zu bringen, bestieg seine Sänfte und ließ sich zurücktragen in den Palast.

Die Räuber in ihrem düsteren Turmgefängnis beteuerten einander noch einmal, daß ihre Treue und Freundschaft unverbrüchlich sei, und versprachen sich, daß sie lieber

gemeinsam Hungers sterben würden, als daß einer frei
käme und die anderen töte.

Sie beobachteten einander nicht, um ihr Vertrauen unter
Beweis zu stellen, und rügten es auch nicht, wenn einer
von ihnen allein in die Türöffnung trat, um den Menschen zuzuwinken, die aus sicherer Entfernung zum
Turm herüberspähten.

Und an den ersten Abenden konnten die Zuschauer (an
denen nie Mangel herrschte) die Räuber drinnen im
Turm das Lied von den drei Tanzmädchen singen hören
und andere leichtfertige Lieder.

Doch bald wurden die Lieder leiser, und schließlich hörten sie ganz auf.

Der Hunger wurde stärker und wuchs, und mit dem Hunger wuchs auch ein Gefühl in ihnen, das immer mehr
Raum einnahm, wie ein trockener Schwamm, der sich
mit Wasser vollsaugt, bis es sie schließlich ganz ausfüllte.
Das Gefühl hieß Mißtrauen.

Nachts lag ein jeder wach und dachte an Couscous, an
Maisfladen oder an Mus, das man aus gepreßten Feigen
bereitet. Bald ertappte sich einer nach dem anderen
selbst dabei, wie er verstohlen an Flucht dachte, und ein
jeder erschrak über sich und befahl sich schnell, an anderes zu denken.

Doch der Gedanke kam immer wieder. Immer öfter stellten sie sich vor, wie sie sich in einem unbewachten
Augenblick durch das helle Rechteck des Ausgangs
zwängen würden, dessen Licht sie aus ihrem fensterlosen
Dunkel saugen wollte wie einen Nachtfalter. Immer stärker wurde die Angst, einer der anderen könne so denken
wie sie und ihnen zuvorkommen.

Nie sprachen sie ihr Mißtrauen aus, sie spielten ihre Rolle
gut voreinander. Nur immer, wenn einer in die Nähe des
Ausganges kam, hielten sich ein paar andere an seiner

Seite. Wie zufällig, um mit ihm über das schöne Wetter da draußen zu plaudern, über den Hunger oder ihren Todfeind, den Großwesir. In Wirklichkeit aber wollten sie ihn festhalten, wenn er zu fliehen versuchte.

Als einer in der Nacht aufstand und zur Tür trat, um nach den Sternen über den Dattelpalmen zu sehen, verloren zwei die Beherrschung. Sie sprangen zu ihm hin, packten ihn am Arm und rissen ihn vom Eingang weg.

Jetzt war es ausgesprochen ohne Worte, der falsche Schein zerstört.

Nach einer Stille der Verlegenheit redeten sie miteinander, und jeder gab sein Mißtrauen zu. Gemeinsam sannen sie auf Mittel, sich voreinander zu schützen. Sie schlangen Kleider zu einem großen Seil zusammen, das alle verband, verknoteten sich nachts zu einem neunköpfigen Wesen, um so zu verhindern, daß einer den Schlaf der Gefährten nütze, um sie zu töten durch seine Flucht.

Tagsüber hielten immer zwei an der Tür Wache, ein Wächter belauerte den anderen.

Jetzt wußte jeder vom anderen, daß er an Flucht dachte. So hatten sie vor sich selbst keine Bedenken mehr, die Forderungen ihres Magens dadurch zu betäuben, daß sie sich immer neue Möglichkeiten ausdachten, ihrem Gefängnis zu entkommen.

Es glückte aber keinem von ihnen die Flucht.

Durch das Hungern hatten sie viel Gewicht verloren. Und als sie nicht mehr so schwer waren wie neun Räuber, sondern nur noch so viel wogen wie acht, merkten sie eines Morgens, daß ihr Gefängnis sacht im Wind schwankte.

Von Panik ergriffen, stürzten alle neun zur Tür. Aber noch ehe der erste sie erreicht hatte, verlor der Turm durch diese jähe Bewegung völlig das Gleichgewicht, fiel mit großer Schnelligkeit und zerbarst beim Aufprall.

Selim Baruch, der Großwesir, ließ die Trümmer beiseite schaffen und fand statt der erwarteten acht alle neun Räuber erschlagen unter den Steinen.

Da war er heftig gerührt über den Beweis solcher Treue, brach in Tränen aus und gelobte, in Zukunft alle Räuber milder zu strafen. Auf dem Sockel des zerstörten Turmes aber ließ er eine kleine Moschee errichten, die zum Gedenken an die Räuber bis auf den heutigen Tag den Namen »Mon'd-Amin« trägt. (Was auf deutsch soviel wie »die Stärke« bedeutet.)

Sach-, Personen- und Abbildungsregister

Quellennachweis

Amelung, F.: Schach-Problem, 1901 65 o. (gez. von Paul Maar)

Annonce aus »Über Land und Meer«, Stuttgart, Jahrg. 1894 14

Archibook-Verlag, Berlin 1986 118 l., 118 r., 205, 211

Associated Press 33

Bader, K.: Turm- und Glockenbüchlein, Gießen 1903 92, 232

Baltzer, F.: Die Architektur der Kultbauten Japans, Berlin 1907 182

Becher, Bernd u. Hilla 11 r. o.

Bildarchiv Foto Marburg 36

Bildarchiv Preuss. Kulturbesitz, Berlin 11 l. u., 12, 15, 19 o., 19 u., 41 o., 45, 68, 69 l., 69 M., 72, 74, 75, 81 r. o., 81 r. u., 89 r., 93, 95, 96, 97 u., 98 r. o., 99, 102 l., 102 r.; 103 l., 103 r. o., 103 r. u., 116 l, 119 r., 120 l. M., 120 r., 130 r. o., 136, 149, 152, 154, 155 r. (Ausschnittvergr. aus 154), 157, 167 l., 170 l. o., 170 r. o., 170 u., 178, 179 l., 183, 197, 200, 201, 208 l. o., 208 r. o., 212, 218, 229, 233 l., 233 r.

Bildungsblätter, Wesel 1838, 1. Jahrg. 236

Brüder-Grimm-Museum, Kassel 44

Cartoon-Caricature-Contor, München 126

dpa 214 l., 214 r.

Dombart: Der babylonische Turm 39, 41 u., 159

Feierstunden, Bd. 14 231

Frédéric, L.: Südost-Asien, Essen 1964 174, 175

Gerster, Georg, Zürich 20, 158

Göll, H.: Illustrierte Mythologie, Schleiz 1874 35, 184, 194, 195

Goldstadt-Verlag, Pforzheim 176

Das Große Wunderbuch, Stuttgart/Gotha o. J. 171 r.u.

Hamm, Manfred, Berlin 114 l., 116 r., 117, 119 M.

Historia Photo, Hamburg 10 M. o., 70 l., 106, 171 r. o., 219, 234 r.

Internationales Bildarchiv Horst v. Irmer, München 180, 181 l.

Jantzen, H.: Die Gotik des Abendlandes, Köln 1962 88

Kammerlohr, O.: Epochen der Kunst, Erlangen 1973 87

von Karnitschnigg, Graz 10 M. u.

Klengel-Brandt, Evelyn: Der Turm von Babylon, Wien u. München 1982 46

Lübke, W.: Grundriß der Kunstgeschichte, Stuttgart 1892 66 u., 97 r., 223

Maar, Paul, Bamberg 10 l. o., 11 l. o., l. u., 76, 77, 89 l., 100, 113, 114 r., 119 l., 121 M. o., 122, 123 l., 128 l., 129 r., 130 l. o., 134/135, 181 r., 186, 193, 213, 215, 233 M., 239, 241

Museum Palazzo Pubblico, Siena 220

Das Pfennig-Magazin, Leipzig 98 l. o. (Jahrg. 1833), 128 r., 129 l. (Jahrg. 1834), 235 l., 235 r. (Jahrg. 1838)

Révész-Alexander, M.: Der Turm als Symbol und Erlebnis, Den Haag 1953 31, 78, 81 l. o.

Schuchardt, C.: Die Burg im Wandel der Weltgeschichte, Potsdam 1931 22, 23

Simmen, J., U. Drepper: Der Fahrstuhl, München 1984 207

STERN - Syndication 66 o., 167 r. o.

Tanner und Staehelin Verlag, Zürich 34

Thiersch: Pharos; Antike, Islam und Occident, Leipzig 1909 138, 139 r. u., 139 l. u., 144, 145, 147, 155 l. o., 155 l. M., 155 l. u., 167 r. u.

Tigerman, Stanley: The International Competition For A New Administration Building For The Chicago Tribune MCMXXII, Rizzoli International Publications Inc., New York 120 l. o., 120 l. u., 121 l. o., 121 M. M., 121 M. u., 121 r. o., 121 r. M., 121 r. u.

Ullstein Bilderdienst, Berlin 169, 206, 211 l.

Vollmer, Manfred, Essen 10 r. o., 10 r. u.

Wagner, Hans, Wetzlar 10 l. u.

Weltbild, München 80 l. o., 80 r.

Wheeler, M.: Die Prachtbauten des Ostens, Vollmer-Verlag, München 1978 70 r., 171 l., 179

Widmann: Schach München 1960 61, 64 l., 64 r. (Fotos: Bruno Keysselitz), 62, 63, 65 u.

Württembergische Landesbibliothek, Stuttgart 50, 51, 52, 54

Verwendete Literatur

Anderson, William: Burgen Europas. Stuttgart 1980

Bader, Karl: Thurm- und Glockenbüchlein. Gießen 1903

Baltrušaitis, Jurgis: Imaginäre Realitäten. Köln 1984

Baltzer, F.: Die Architektur der Kultbauten Japans. Berlin 1907

Bildungsblätter, Eine Unterhaltungsschrift für die Jugend und ihre Freunde. Wesel 1838

Bornheim, Werner: Rheinische Höhenburgen. Neuss 1964

Brandenburg, Dietrich: Die Baumeister des Propheten. Zürich 1971

Burger, Erich: Norwegische Stabkirchen. Köln 1978

Bussagli, Mario: Architektur des Orients. Stuttgart 1975

Condit, Carl: The Rise of the Skyscraper. Chicago 1952

Dittmar, Johanna: Thailand und Burma. Köln 1981

Drixelius, Wilhelm: Formen der Kunst. München 1974

dtv Lexikon. München 1970

Föhl, Axel und Hamm, Manfred: Die Industriegeschichte des Wassers. Köln 1985

Huxtable, Ada Louise: Zeit für Wolkenkratzer. Berlin 1986

Franz, Heinrich: Pagode, Turmtempel, Stupa. Wien 1976

Frédéric, Louis: Südost-Asien. Essen 1968

Griswold, B., Kim, Chewon und Pott, Pieter: Burma, Korea, Tibet. Baden-Baden 1979

Hamann, Richard: Geschichte der Kunst, Bd. 1–6. München 1963

Hinze, Christa und Diederichs, Ulf: Fränkische Sagen. Köln 1980

Hoag, Joan: Islamische Architektur. Stuttgart 1976

Jahn, Johannes: Wörterbuch der Kunst. Stuttgart 1962

Jantzen, Hans: Die Gotik des Abendlandes. Köln 1962

Jencks, Charles: Skyscrapers – Skycities. New York 1980

Kammerlohr, Otto: Epochen der Kunst. Erlangen 1973

Kircher, Athanasius: Turris Babel. Amsterdam 1679

Kubach, Hans Erich: Deutsche Dome des Mittelalters. Königstein 1984

Kutzke, Georg: Türme und Turmgedanken aus der Provinz Sachsen. Berlin 1917

Meidinger, Heinrich: Geschichte des Blitzableiters. Karlsruhe 1888

Merian Monatshefte, Heft 8, 39. Jahrg.: Chicago. Hamburg 1986

Minkowski, Helmut: Aus dem Nebel der Vergangenheit steigt der Turm zu Babel. Berlin 1960

Das Pfennig-Magazin, Jahrgänge 1833–1843. Leipzig 1833–43

Piggott, Stuart (Hrsg.): Die Welt, aus der wir kommen. Zürich 1961

Reinle, Adolf: Zeichensprache der Architektur. Zürich 1976

Reitzenstein, Alexander von: Deutsche Baukunst. Stuttgart 1956

Révész-Alexander, Magda: Der Turm als Symbol und Erlebnis. Den Haag 1953

Rosenberger, Alfons (Hrsg.): Der babylonische Turm. München 1975

Scheuchzer, Johann Jacob: Physica Sacra oder Kupferbibel. Augsburg 1731

Schippmann, Klaus: Die iranischen Feuerheiligtümer. Berlin 1971

Seckel, Dietrich: Kunst des Buddhismus. Baden-Baden 1962

Simmen, J. und Drepper, U.: Der Fahrstuhl. München 1984

Sourdel-Thomine, Janine und Spuler, Berthold: Die Kunst des Islam. München 1972

Sutter, Konrad: Thurmbuch. Berlin 1895

Thiersch, Hermann: Pharos; Antike, Islam und Occident. Leipzig 1909

Tigerman, Stanley und Cohen, Stanley: Chicago Tribune Tower Competition. New York 1980

Ullstein Kunstgeschichte, Bd. 1–20. Frankfurt/Main 1963

Vogt-Göknil, Ulya: Die Moschee. Zürich 1978

Wheeler, Mortimer (Hrsg.): Die Prachtbauten des Ostens. München 1978

Wu, Nelson: Architektur der Chinesen und Inder. Baden-Baden 1962

Zaunert, Paul (Hrsg.): Rheinland Sagen. Düsseldorf 1969

Zedler, Johann Heinrich: Großes vollständiges Universal-Lexikon. Leipzig 1745

Auflösungen:

zu *Seite 119:*

Der Turm in der Mitte ist ein neuzeitlicher Industriebau.
Links: Der mittelalterliche Diebsturm in Lindau.
Mitte: Wasserturm der Talsperre des Vyrny, Großbritannien.
Rechts: Der Eschenheimer Turm in Frankfurt/Main (um 1400).

zu *Seite 134/135:*

Die zweimal abgebildete Turmhaube steht auf Seite 134 links unten und auf Seite 135 als zweite von links in der oberen Reihe.

zu *Seite 120/121:*

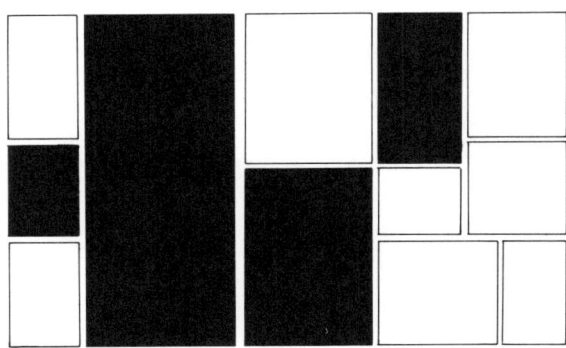

Die schwarzen Felder in der Skizze zeigen die Abbildungen der Kirchturmspitzen an.